대한민국의 재탄생

오피니언 리더
5인이 말하는
완전히
새로운 나라

김현종
고한석
노영민
민병두
이원재

대한민국의 새탄생

Rebirth of the Republic of Korea

메디치

머리말

1. 개혁과 혁신에서 국가의 재탄생으로

한국과 한국인에게 지난 80여 년은 이 땅에 사람이 살기 시작한 수천, 수만 년 중에서 가장 뜨겁고, 가장 힘들고, 무엇보다 성취가 대단했던 기간으로 기록될 것이다. 비슷한 전례를 찾자면 통일신라 형성기나 고려 건국기, 몽골 항쟁과 조선 건국기 정도다. 사실은 그 이상이다. 전인미답의 길을 걸었다. 그 성취의 정도는 말할 것도 없고, 심리적·정서적 측면에서 영광과 오욕, 환희와 비탄 모두 엄청났다.

한국은 변방에서 중심으로 진입했다. 산업화 시기 아시아의 네 마리 용 중 하나였고, 민주화 부분에서 세계적으로 독보적 경지에 도달했다. 학년당 정원 수가 200명쯤인 학교에서 2학년 1학기 마칠 때만 해도 전교 120등 정도이던 학생이 2학년 2학기 마치고 보니까 전교 15위권, 상위 10% 이내에 진입한 경우에 비유할 수 있다. 모의고사와 내신, 생활

기록부 전 영역에서 말이다. 괄목상대(刮目相對), 눈을 비비고 볼 만한 나라다.

그러나 최근 어깨싸움에서 밀리는 양상이 있다. 우리에게 최적의 조건이었던 '팍스 아메리카나(미국 주도의 평화)'와 세계화 시기가 지나면서 나타나는 일시적 현상인지, 구조적 요인인지, 고개를 갸우뚱거리게 만든다. 실제는 어떠할까. 본문에서 논의하겠지만 과학기술이나 경제 금융, 보건복지의 문제는 그간 잘 풀어왔다. AI도 집중하면 앞서갈 것이다. 대한민국의 문제 풀이 실력이 그 정도는 된다.

지금 우리 위기의 본질은 심리적·정서적 '체증' 같은 거다. 쌓인 원(怨)을 풀고 몸 안의 불건강한 요소를 밖으로 배출하지 않으면 청년 자살률 최고 국가를 유지하는 것은 물론 전체 자살률이나 국민의 불행 지수에서 전 세계 1위 국가가 될 것이다. 정치·행정학적인 개혁, 변화, 혁신이 아닌 사회·문화적 측면에서 출발해 정치와 역사로 돌아오는, '국가의 재탄생(Rebirth of Nation)'을 생각하게 만드는 원인이다.

역대 대통령들, 특히 1987년 이후 직선제로 뽑힌 대통령들은 모두 개혁을 강조했다. 개혁은 정권 운영의 기본이었다. 개혁이 기본 처방이 되자 혁신이 고단위 항생제처럼 업그레이드 버전으로 등장했다. 가장 기억에 남는 것은 김영삼의 '변화와 개혁(1993년)'이다. 직업 정치인 출신이자 민주화 투사인 김영삼의 개혁 드라이브는 공직자 재산 공개, 하나회 척결 등으로 시작해 세계화에까지 이르렀다. 상당한 성과였다. 군사정권에서 뿌리를 내린 기득권 세력 견제가 김영삼 개혁의 요체라고 할 수 있다.

앞선 대통령 중에서는 박정희의 10월유신(1972년)과 서정쇄신(1975년)이 있다. 유신은 만주 군관학교 출신 박정희가 일본에서 빌려온 개념이다. 본질적으로는 대통령 개인으로의 권력 집중 시도였다. 집권 15년 차쯤 부패가 쌓이자 '서정쇄신(庶政刷新)'을 강조했다. 국정 전반을 새롭게 한다는 뜻이지만 공무원들의 부정부패를 없애는 것이 주요 취지였다. 유신은 삼권분립 체제에서의 헌법기관을 약화하고, 쇄신은 중하급 공무원 비리를 처단하는 수단이었다.

노무현 정부에서는 혁신이 강조되었다. 정부 혁신, 혁신도시 등이 있다. 시스템과 국토 이용의 혁신이다. 그에게 혁신은 행정에 온라인 시스템을 도입하는 것과 함께 지방으로 돈과 사람, 권한을 옮기는 균형 발전 전략이었다. 노무현은 국민통합을 위해서는 지역 균형 발전이 긴요하다고 보았다. 특히 행정수도 신설과 세종시로의 이전은 자꾸만 작아지는 5년제 대통령의 사이즈를 모처럼 웅장하게 만드는 구상이었다. 개혁과 혁신에 '미래'라는 개념이 들어간 것은 노무현 때부터였다는 점, 기억해두자.

2. 기술 위기, 자원 위기가 아닌 심리적·정서적 분열 위기

대한민국의 현대사는 네 개의 기적과 하나의 도시로 얘기할 수 있다. 한강의 기적과 낙동강의 기적이 있었다. 산업화를 의미한다. 광주의 기적과 여의도의 기적이 있었다. 민주화를 의미한다. 그 결과 산업화되고 민주화된 대한민국, 그 중 꽃봉오리 같은 수도권이 형성되었다. 동으로는 원주 혁신도시에서 서로는 영종도 국제공항까지, 북으로는 파주 LG디스플레이에서 남으로는 평택 삼성전자까지 마름모꼴로 펼쳐진 인구, 돈, 지식정보의 밀집 지역이다.

경제개발 계획을 수립하고 실행하기 시작한 지난 60년 넘게 한국이 성취한 가장 큰 업적은 수도권을 만든 것이다. 한국인은 동화 '아낌없이 주는 나무(The Giving Tree)'의 나무처럼 수도권에 모든 걸 주었고 집중시켰다. 인재, 좋은 식재료, 논 팔고 소 판 돈, 응원과 격려의 메시지 등 무한한 희생이 수도권으로 집중되었다. 그 결과 이제 목포나 마산에서는 서울대 수석 합격자가 나오지 않고, 모든 맛있는 것은 자동 유통 경로를 타고 상경하며, 지방의 자금과 산업은 빈혈 상태가 되어 수도권의 법인세와 소득세로 링거 주사를 맞고 있다. 비계량적인 사건이어서 동의할지는 모르겠다. 필자의 눈에 서울로 이주한 자녀들은 자신들이 받은 응원과 격려를 부모에게 4분의 1 정도만 돌려드렸거나 이제는 돌려드릴 경로를 잃은 고아가 되었다. 타인에 대한 희생도 한 세대 전에 비해 많이 작아졌다.

대한민국 앞에는 악재가 많다. 내적으로 인구 감소, 잠재 성장률 저하, 국민 분열은 누구도 부정하기 어렵다. 외적으로 무역 세계화의 후퇴, 지속 불가능한 안미경중(安美經中), 후발 공업국가들의 추격이 있다. 그 총체적 합은 자신감의 상실이다. 빈집과 낡아가는 동네, 노인화와 인구 소멸 현상은 비수도권 외곽에서부터 중심까지 서서히 회색으로 물들이고 있다. 대한민국 제2의 도시 부산의 별칭이 '노인과 바다'라는 것은 아픈 상징이다.

6070세대와 분당, 일산 등지의 신도시는 이제 낡은 것이 되어가고 있다. 4050세대는 아직 사회에서의 의사 결정권을 넘겨받지 못하고 있으며, 위아래 부양에 시간과 돈을 능력 이상으로 지출하고 있다. 2030세대는 일자리와 권리가 충분치 않은 불운의 시대에 태어난 걸 한탄한다.

안팎의 여러 악재와 과제 중 대한민국 재탄생의 조건 1번은 무엇인가. 외부보다 내부 문제가 먼저고, 내부 문제 중에서도 국민 분열, 국민통합이 가장 중요하다. 외부 변수는 2차다. 우리는 대체로 좋지 않은 외부 조건 아래 80년을 보내왔고, 거기서 벼락같이 나타나는 기회를 잡아 오늘에 이르렀다. 운명이란 자의 외투를 붙잡고 늘어져서 어렵게 여기까지 왔다.

내부 악재가 문제다. 산업의 성숙화와 그에 따른 경쟁력의 유지 방안은 그간 경제 위기를 극복해온 전통과 상황에 따른 창의력을 투입해 극복하면 된다. 복잡다기한 시대에 아이를 갖지 않으려는 생각은 합리주의의 산물이기에 합리적으로 대응하면 된다. 대한민국이 직면한 가장 큰 문제는 비합리적, 자기 붕괴적 국민 분열이다. 공자 시대에는 군주와 백성 간 신뢰가 1번이었지만 오늘날은 대통령을 수시로 갈아치울 수 있는 만큼 국민 간 통합, 상호 간 필요한 만큼의 신뢰 회복이 1번이다. 무신불립(無信不立)은 그때나 지금이나 똑같다.

1997년 IMF 때만 해도 금 모으기로 하나가 되던 나라가 2009년 노무현의 투신 서거 이후 갈등이 선을 넘었다. 노무현, 이명박, 박근혜, 문재인, 윤석열은 투신하거나 투옥되거나 최소한 기소되고 있다. 이 싸움의 당사자이자 응원단은 일단 진보와 보수, 영남과 호남이다. 눈에 보이는 대치 전선이다. 여기에 기름을 끼얹는 게 어떻게든 이겨야 한다는 승리 이데올로기다. 승자독식의 요직 인선도 갈등의 폭발 요인이다. 다양한 가치와 다당제는 설 땅이 없고 양대 진영의 대립은 선거를 치를수록 치열하다.

2025년 여름 우리는 벽에 부딪혔다. 이 문제는 경영학과 졸업생이 생산성 향상에 힘써서 해결할 수 없다. 경제학과 졸업생이 재정지출 구조를 개혁해서 해결할 수 없다. 정부나 대기업이 해결할 수 있는 문제가 아니다. 국회의장과 대법원장, 감사원장이 해결할 수 있는 문제가 아니다. 어쩌면 그들도 부분의 시각을 가지고 부분의 기득권을 수호하려다 보니 일을 더 키운 느낌이 있다. 지금까지의 대통령도 마찬가지다. 무성의하거나 효과적이지 못했다. 두고 볼 문제지만 이재명 정부에도 이 일은 쉽지 않다.

3. 시간의 모래밭과 그 너머의 대안들

국민 분열과 국민통합. 대한민국의 도약은 여기서 멈춰 있고 재탄생은 여기서 시작한다. 국민통합의 여정에 왕도는 없다. 첫 발걸음은 '시간의 모래밭'을 통과하는 것이다. 무엇을 하자, 해야 한다가 아닌 시간의 모래밭을 거론하는 것에 어리둥절할 수 있다. 하지만 사실이다. 이것은 노력한다고 노력만큼 결과가 나오는 게 아니다. 우리는 우선 시간의 모래밭을 건너야 한다.

이북에서 건너온 강경보수 노인들과 그들의 흑백논리와 타자에 대한 적대감을 물려받은 사람들, 나와 우리 세대, 우리 지역 사람들이 박정희와 함께 이 나라를 건설했다는 자부심을 가진 대구·경북 사람들, 그들의 탄압을 딛고 민주화를 이루었으며 개인으로서 산업화에도 기여했다는 1970년

대 중반 학번 이후의 민주화 세대들, 특히 86세대로 불리는 사람들, 김대중 평화민주당원을 비롯한 호남의 중장년 이상 세대, 노사모의 시니어 회원들까지.

대한민국의 재탄생을 위해서는 이들이 차례대로 지혜와 경험을 기록으로 남기고 일선에서는 퇴장해줘야 한다. 하루라도 일찍 새 주역들에게 마이크와 도장을 넘겨줘야 한다. 비단 정치권과 퇴직자들이 먹고사는 숱한 학계와 업계뿐만 아니라 수천, 수만 개의 '이 동네', '이 바닥'에서 실질적인 권력 이양이 필요하다. 이들은 강고하기에 범사회적 청유(請誘)가 필요하다.

시간은 거역할 수 없다. 장강의 뒷물결이 앞물결을 치는 걸 허용해야 한다. 내려놓아야 하고 내려와야 한다. 그저 내려온 채 인생을 끝내라는 말이 아니다. 그동안 하고 싶었으나 바빠서 미뤄두었던 생활을 하면서 보람, 희열을 느끼고 삶의 의미를 찾을 수 있어야 한다. 봉사 활동, 학습, 취미 생활을 말한다. 국가는 이런 시대를 앞당기기 위해 노인 빈곤 문제를 해결해야 한다. 20세기 중반부터 지금까지 팔다리가 불구가 된 상이용사, 한센병 환자, 넝마주이, 고엽제 환자, 도시 빈민의 문제를 해결해왔다면 오늘날의 과제는 폐지 줍는 노인이다. 이들을 잔혹한 노동에서 해방시켜야 한다. 그것이 발전과 침체를 겪고 재탄생을 도모하는 대한민국의 자존심이다.

참을성을 가지고 시간의 모래밭을 건너는 것과 함께, 의지를 가지고 해야 할 일이 있다. 국민 분열의 계곡을 건너 국민통합의 피안에 이르려면 상대방에 대한 인정이 있어야 한다. 우리는 기록된 현대사에서 상대를 인정하지 않았다. 심지어 80년대 운동권은 70년대 운동권을 인정하지 않는 흐름도 있었다.

인정에 앞서 척결해야 할 문화가 있다. 쟤는 이래서 안 되고 애는 저래서 안 된다는 식의 제치는 문화. 강자에게 유리한 문화다. 어느 정부든지 조각하고 나면 나오는 장관 리스트를 보라. 서울대, 영남, 남자, 5060. 태생적 요소와 젊은 시절의 성취가 그 이후보다 중요하다면 열심히 살 필요가 없다. 죽은 사회인 것이다.

인정은 해원(解冤)이다. 춘향이의 한은 변학도를 잡아 가둬야 풀리는 게 아니라 이 도령을 만나서 잘살 때 풀린다. 현대사의 한은 전두환을 부관참시해서 풀리는 게 아니라 내 노력과 내 억울함을 인정받을 때 풀린다. 현대사의 강물이 굽이칠 때마다 우리는 인정해야 할 일이 있다.

공순이, 공돌이부터 인정해주면 좋겠다. 그들이 잠 안 자고 일해서 한국에 외화가 들어왔고, 그 돈이 오늘날 우리가 해외로 여행을 나가는 돈의 씨앗이다. 머리카락 잘라서 가발 만드는 데 보탠 누이와 탄광에서 곡괭이질 하던 오빠, 영도 수리조선소에서 깡깡이 하던 아주머니, 영일만 제철소를 지은 산업 일꾼 등 모두에게 "당신 참 수고했소", "고생했고, 고맙습니다"라며 오늘이 있기까지의 공을 인정해줘야 한다. 오늘이란 현실을 만든 수많은 백성, 민중, 국민, 시민의 공(功)과 한(恨)을 알아주어야 한다.

이 작업은 오늘의 선발투수가 나서야 한다. 그 점에서 보수는 다음번을 기약해야 한다. 민주진보 진영의 세상 물정 좀 아는 이들이 먼저 손들고 나서면 좋겠다. 보수와 영남은 12·3 내란 실패와 6·3 대선의 패배에 머물러 있으니 기대하지 않는다. 서민 대통령 이재명의 시대에 그런 일이 이루어진다면 이것도 역사의 섭리라고 할 수 있겠다. 이재명 대통령은 여러 가지 면에서 구시대의 막내이지만 해원을 통한 대한민국의 재탄생에 나선다면 신세대의 맏형도 가능하지 않을까.

2025년 7월
김현종

목차

머리말　　　　　　　　　　　　　　　　　　　　4

1장　한국적 국정운영 시스템:　　　　　　　　18
　　　민주주의와 전문성은 어떻게 조화될 수 있는가
　　　고한석 × 김현종 대담

2장　분열과 통합의 현대사:　　　　　　　　　40
　　　김대중부터 이재명까지, 국민통합 실현 방안
　　　민병두 × 김현종 대담 ①

3장　사회 서비스 산업화론:　　　　　　　　　88
　　　내수 경제 중심의 지속 가능한 성장 전략
　　　이원재 × 김현종 대담

4장　국정운영자의 조언:　　　　　　　　　　122
　　　정치, 경제, 한반도 평화를 위한 제언
　　　노영민 × 김현종 대담 ①

5장	**인구경제론:** **인구 오너스 시대를 헤쳐 나가는 법** 민병두 × 김현종 대담 ②	168
6장	**관세 전쟁:** **슬기롭고 실용적인 외교 전략을 위하여** 노영민 × 김현종 대담 ②	200
7장	**상호 인정과 국민통합:** **어떻게 국민통합을 이룰 것인가** 김현종 × 노영민 × 민병두 × 이원재	224

1장

한국적 국정운영 시스템:
민주주의와 전문성은 어떻게 조화될 수 있는가

고한석 × 김현종 대담

⋯

대한민국의 재탄생은 대화 곳곳에서 언급되었다. 정부 수립 80년을 맞으며 한국 사회가 구조 면면을 되짚어가며 관찰하기 시작한 증거라고 할 수 있다. 이 장에서는 행정 각 부처에 정책의 입안과 집행을 다 맡기기보다 결정 주체 및 과정을 다양화하자는 제안이 나왔다.

1. 민의의 표현과 민의의 실현

김현종 민주주의 운영 방식이 국가 크기에 따라 달라질 수 있을까요? 이른바 대의의 표출 방식에 있어서 말입니다.

고한석 우리는 너무나 당연하게 민주주의를 대의제 민주주의, 즉 선거에 의해서 선출된 대표들로 구성된 입법부 시스템으로 상정하죠. 물론 대통령이라는 선출직 수장을 둔 행정부도 있지만 민주주의의 최종적 권위는 결국 의회에 주어집니다. 자기 역사와 환경에 맞는 민주주의를 모색하면서 양당제(소선거구)/다당제(중대선거구 또는 정당비례), 단원제/양원제, 의원내각제/이원집정부제/대통령제 등 나라별로 다양한 시스템을 가지지만 거의 모든 논의는 의회라는 대의제 민주주의에 집중되어 있죠.

대의제는 '민의의 표현'을 상징합니다. 미국의 링컨 대통령은 민주주의를 "국민의, 국민에 의한, 국민을 위한(of the people, by the people, for the people)" 정부라고 정의했는데 국민이 대표자들을 직접 선출하는 대의제는 특히 이 중에서 "국민의"에 중점을 둔 것이죠. 국민들은 자신들의 의사가 '반영'되는 것도 중요하지만 동시에 그 의사가 '실현'되는 것도 그만큼, 어쩌면 더욱 중요하다고 본다는 겁니다. '국민을 위한' 정부라고 볼 수도 있는데 우리는 이 개념을 너무도 당연시하는 경향이 있죠. 하지만 이를 국민을 위해야 한다는 '의도'보다 실제로 국민에게 더 나은 삶을 가져다주어야 한다는 '성과'라는 측면에서 볼 때 '민주주의'에서 행정부의 중요성은 입법부만큼이나 크다는 점을 인식해야 합니다.

김현종 우리가 속한 동양의 경우는 어떠할까요. 구체적으로 유교 문화권의 경우라고 말할 수 있겠네요.

고한석 동양의 역사적 현실을 구성해온 철학적 전통과 체제적 전통을 다시 들여다볼 필요가 있습니다. 유교는 근대 서양 정치학처럼 체계적인 민의 전달 방법을 제시하지는 않습니다. 하지만 웬만한 동양 지식인이면 다 알고 있듯이 유교 사상은 민의가 제대로 실현되지 않을 경우 정부를 뒤집어엎는 것에 대해서 도덕적 정당성을 부여하고 있죠.

우리에게 익숙한 '혁명(革命)'이라는 단어는 2,000년보다 오래된 중국 고대의 철학서로 알려진 《주역》 중 공자가 주석을 단 단전(彖傳)의 혁괘(革卦)에 처음 등장합니다. "탕무혁명, 순호천이응호인(湯武革命, 順乎天而應乎人)", 즉 탕왕과 무왕의 혁명은 하늘의 뜻을 따라 사람들의 요청에 응한 것이라고 했습니다.

또한 순자는 "군자주야, 서인자수야, 수측재주, 수측복주(君者舟也, 庶人者水也. 水則載舟, 水則覆舟)", 즉 군주(정부)는 배와 같고 백성들은 물과 같아서 물은 배를 띄울 수도 있지만 배를 뒤엎어버릴 수도 있다고 했죠. 《맹자》의 '진심(盡心)' 하편을 보면 "민위기, 사직차지, 군위경(民爲貴, 社稷次之, 君爲輕)", 즉 백성이 가장 중요하고 국가는 그다음이며 군주는 가장 덜 중요하다고 나와 있어요.

김현종 동서를 불문하고 민심을 반영한 정치의 중요성을 강조해왔다는 이야기 같네요.

고한석 근대 이전에 한반도에서는 천명이 바뀌는 것, 즉 혁명은 고려와 조선의 건국이라는 두 차례 사건에 불과했습니다. 그러나 중국에서는 중간중간의 난세는 차치하고 '하(夏)→은(商)→주(周)→진(秦)→한(漢)→수(隋)→당(唐)→송(宋)→원(元)→명(名)→청(淸)' 등 10개 이상의 왕조가 약 200년 주기로 교체되었죠. 다른 것은 용인해주더라도 '인민을 위한' 정치가 제대로 실현되지 않으면 중국의 백성들은 천명(天命)을 빌미 삼아 밥 먹듯이 혁명의 깃발을 들어 올렸습니다. 그렇기에 중국에서는 한편으로는 이를 억압하는 통치를 위해서, 또 한편으로는 인민들의 현실을 개선하기 위해서 효과적인 행정 체제가 2,000년 전부터 수립되었고, 이를 처음 접한 근대 서양의 사상가들은 놀라운 눈으로 바라보았죠.

2. 동아시아 민주주의의 특성

김현종 of the people, by the people, for the people 중 가장 중시해야 할 것은 무엇일까요?

고한석 서구의 전통에 따라서 민주주의 정치체체(polity)를 논할 때는 항상 '민의의 표현'이라는 측면만 강조되고 '민의의 실현'이라는 측면은 무시 내지는 경시되는 경우가 많죠. 이로 인한 부정적 측면이 강화되면 그 결과는 민주주의 체제 자체에 대한 부정이 되기 쉽습니다.

'민의를 폭넓게 반영하는' 다당제와 대의제 민주주의가 발달한 서유럽에서 나타나는 여러 가지 사회적 혼란과 불만, 반민주적 극우 집단의 부상은 그것이 양당제든 다당제든 가리지 않고 서구 민주주의 체제의 '비효율적 정부'에 대한 민중의 실망과 좌절을 기반으로 합니다. 물론 여기에는 여러 가지 원인이 동시에 작용하고 있습니다. 하지만 '민의를 제대로 실현'하지 못하는 무능하고 무력한 행정부는 민주주의에 대한 시민들의 절망과 분노의 중요한 이유 중 하나로 볼 수 있습니다.

김현종 극우 정당의 부상은 비효율적 정부, 무능한 정부로부터 시작된다는 것이겠네요.

고한석 이는 최근 10년 동안 발생한 글로벌 환경의 변화와도 맞물려 있습니다. 1980년대 이후 신자유주의와 세계화가 경제의 주요한 흐름이 되면서 정부는 점차 시장에 자리를 내어주고 무력해졌어요. 인재들도 정부보다는 기업을 선호하게 되면서 정부 역량도 약화되었습니다. 신자유주의와 세계화가 점점 심화되면서 이러한 흐름에 뒤처진 서방 국가의 중산층과 노동자들이 정부에 자신들의 어려움을 해결해 달라고 요구했지만 이미 수십 년에 걸쳐서 약화된 정부의 역량은 이에 부응할 수 없었죠. 엎친 데 덮친 격으로 금융 위기와 각종 재난, 대형 사고가 겹치면서 서방 국가의 정부들은 난맥상에서 헤어 나오지 못하고 있을 뿐만 아니라 이런 기회를 이용한 극단적 포퓰리스트 정치 세력들이 점점 더 영향력을 확보해나가고 있습니다.

김현종 예전에는 과거제, 지금은 고시를 통한 관료 중심의 행정부를 갖고 있는 게 한중일 3국이죠. 물론 3국의 운영 양상은 다 다르지만요.

고한석 중국은 관료를 현장에 좀 더 많이 파견하는 차이가 있습니다. 그 점에서 동아시아의 관료 자본주의 체제를 재평가할 이유가 있죠. 우리는 '관료'라는 단어에 대해서 매우 부정적인 견해를 가지고 있는데요. 사실 관료제는 근대 이전 시기에 있어서 매우 커다란 사회적 혁신이었습니다. 기업을 포함해서 인간 사회의 모든 조직은 더 나은 사회적 효용을 위해서 정교한 시스템을 구축하는 동시에 그로 인한 부분적인 비효율성을 감수해왔죠.

관료 체제가 가지는 비효율성 역시 상대적 관점에서 봐야 합니다. 잘 설계되어 있고 올바르게 통제되고 감독받는 관료제는 좋은 목적을 위해서 잘 작동하는 기계와 같습니다. 영어 표현 중에 전쟁 승리를 위해 잘 조직화되고 훈련된 군대를 '워 머신(war machine)'이라고 표현하는 것과 일맥상통하죠. 민의의 반영을 중시하는 서구적 민주주의와 관료제적 전통 속에서 민의의 실현을 중시하는 동아시아적 민주주의의 차이가 가장 크게 드러났던 것이 지난 2020년의 코로나19 사태였습니다.

물론 한국 정부의 방역 대응이 코로나19 후기에 접어들면서 문제점을 드러내기는 했지만 초중반까지 한국 정부의 방역 대처는 팬데믹이라는 전 사회적 과제를 해결하는 데 있어서 높은 점수를 받았습니다. 반면에 미국과 유럽의 정부들은 난맥상을 보여주면서 국민들의 분노를 샀죠.

김현종 잘 정비된 관료제는 위기에 강하다는 의미인가요?

고한석 물론 공동체가 집중하는 목표 없이 구성원 각자가 원하는 대로 살아도 큰 문제가 없는 경우에는 정부가 강할 필요가 없습니다. 전후 70년 동안 세상은 (최소한 서구를 중심으로는) 상대적으로 평온했죠. 서구 선진국의 행정부가 강하지 않아도 되었던 또 하나의 이유입니다. 그런데 시대가 바뀌었습니다. 글로벌 차원의 정치와 경제에서 거친 파도와 비바람이 몰아치는 각자도생의 시대가 등장한 겁니다. 한국은 효율적인 행정부를 적절히 운용하여 산업화 30년, 민주화 30년을 어느 정도 성공적으로 마치고 이제 막 서구처럼 여유를 가져볼 만한 시기가 되었다고 여기던 참이었죠. 그런데 성공의 바탕이 되었던 국제 관계와 세계경제 시스템에 급격한 변화가 발생하고 있습니다. 또다시 신발 끈을 조이지 않으면 안 되는 상황이 되었고, 한국의 장점인 효율적인 행정부가 다시 한번 요긴한 역할을 부여받게 되었습니다.

3. 민주적 통제와 전문성 동시에 강화하기: 합의제 행정위원회

김현종 '잘 정비된 관료제'에 대해 좀 더 생각해보죠. 지금까지의 관료제는 관료 일방의 독주였습니다. 전문가의 함정, 이해 비(非) 관계자의 함정이 약점입니다. 전문가의 함정이란 일반적이지 못한 시야, 이해 비 관계자의 함정이란 탁상행정이라고 할 수 있겠네요. 이재명 대통령은 최근 공개된 자리에서 정책 공급자의 함정을 추가로 지적했습니다.

고한석 그렇습니다. 효율적인 집행력을 가지고 있는 우리나라 행정부 시스템의 장점을 살리면서 우리나라가 직면한 도전들에 대처해나가려면 이를 시대에 맞게 보완할 필요가 있습니다. 핵심 기준은 민주적 통제와 전문성의 강화입니다. 사실 저는 이 이야기를 하고 싶어서 대담에 임했습니다.

1960년대 중국에서 '紅(당성)'과 '專(전문성)' 사이의 논쟁이 있었습니다. 관료로 대변되는 전문성을 강화하면 민주적 대표성이 약화되고, 국회의원이나 정당 관계자 등이 정부에 많이 참여하면 민주적 대표성은 강화되지만 전문성은 약화된다는 것입니다. 민주적 통제와 전문성의 강화를 통해서 정당하면서도 효율적인 정부를 만드는 단기적 방법은 (1)합의제 행정위원회 또는 (2)각 부처에 장관실과 정무차관을 도입하는 것입니다. 합의제 행정위원회란 특정 분야의 정책에 대한 자문 또는 심의하는 것을 넘어 특정 분야 정책의 수립 및 결정까지 권한을 가지는 준국가기구입니다.

김현종 지금도 그런 위원회는 부처마다, 또는 행정 단계마다 있었죠. 마치 대기업의 이사회에서 사외이사가 그리 크지 않은 돈을 받고 거수기 노릇을 하는 것과 비슷한 느낌을 주었는데요. 물론 기업체 이사회도 최근 달라지고 있지만요. 행정위원회에 협의권이 아니라 합의권을 주자는 얘기인가요?

고한석 지금까지 한국의 행정부는 각 담당 부처의 공무원들이 정책을 만들고 대통령이 결재하면 다시 공무원들이 집행하는 방식이었습니다. 노무현 정부 시절부터 대통령실 산하에 여러 위원회와 특정 이슈에 대한 사회적 대화 기구들을 두었지만 대부분 '자문 및 심의' 역할을 하는 위원회에 머물렀습니다. 이에 대해 행정부 관료들은 한편으로는 시어머니만 늘었다고 투덜대면서 또 한편으로는 형식적인 통과 의례 정도로 간주하고 그들의 의견을 그저 참고삼아 들을 뿐 실제 정책 수립과 집행은 각 부처 공무원들이 알아서 했어요.

물론 각 부처를 통제하는 청와대 정책실이 있기는 하지만 15개 부처와 수십 개의 행정기관을 약 15명의 비서관이 한 부처씩 담당합니다. 그 밑에서 2~3명의 의원 보좌관 출신 행정관과 7~8명의 부처 공무원 출신 행정관들이 정책 업무를 담당하죠. 담당 부처를 모니터링하고 일부 중요 사항은 협의를 요청할 수 있지만 이들의 인원수와 역량에는 한계가 있을 수밖에 없습니다. 아직도 사실상의 정책 권력은 각 부처가 가지고 있죠.

김현종 〈피렌체의 식탁〉에서 정부조직 개편 시리즈를 하면서 장관 정책 보좌관들에게 들으니 청와대가 관심을 가질 수 있는 사안은 물리적으로 전체 정책 사안의 2%에 불과하다고 합니다. 나머지는 여전히 각 부처 공무원이 알아서 좌

지우지한다고 하더군요.

고한석 그렇다고 민주적 통제를 강화하기 위해서 청와대 정책실을 키우는 것은 결국 대통령의 권력만을 키우는 꼴이 됩니다. 또한 규모가 커진다고 해서 문제 해결 능력이 좋아지는 것도 아닙니다. 오히려 청와대 정책실은 최소화하면서 대통령실 산하에 대통령이 위촉하는 다수의 전문가 위원과 관련 이해당사자 단체 대표들, 그리고 관련 부처 공무원들이 모두 상근 위원으로 참여하는 행정위원회를 설치해야 합니다. 그리고 관련 부처는 이들이 의사 결정하는 데 필요한 정보를 제공하면서 여기서 결정된 사항을 부처에서 집행하는 구조로 가야 합니다.

4. 행정위원회의 의미

김현종 관료제를 존중하고 인정하되 그들에게 지금처럼 정책 결정권을 다 줄 수는 없다는 얘기 같습니다. 민간인 출신 국방부 장관 인선의 배경과 비슷하게 들리네요. 집행은 맡기겠지만 결정에는 n분의 1로 참여하라는 뜻 같습니다.

고한석 이러한 위원회가 중요한 이유가 몇 가지 있어요. 먼저 전문성 측면에서 살펴보죠. 과거 대학 교육이 일반적이지 않던 시절 소수의 뛰어난 인재들이 서울대를 나와 행정고시를 보고 고위 관료로 일하는 행정부는 어찌 보면 각 분야의 최고 엘리트들을 모아놓은 곳이라고 할 수 있었습니다. 민간 역량이 약한 상황에서 결국 공무원들이 모든 영역에서 정책 기획을 담당할 수밖에 없었어요. 21세기가 되자 민간 전문가 및 민간의 정책 역량이 점차 강화되면서 공무원은 전문성 분야에서 결코 외부 전문가의 수준을 따라갈 수 없게 되었죠. 전문가들은 공무원이 중심이 된 정책 결정을 더는 신뢰하지 못하는 상황이 되었습니다.

하지만 전문가들이라고 해서 항상 사회적으로 수용 가능한 대안을 제시할 수 있는 경험과 능력을 갖추고 있지는 못합니다. 현재의 사회적 지형을 반영하여 관련 이해당사자 단체를 대표하는 사람들이 함께 참여해서 타협하고 합의할 수 있는 안을 만들어야 합니다. 하지만 이들은 그러한 대안이 현실에서 행정조직을 거쳐서 어떻게 실행되는지에 대해서 실제 집행을 담당하는 공무원과 같은 지식과 경험을 갖고 있지 못하죠. 그러므로 결국 전문가, 이해당사자, 부처 공무원이 모두 행정위원회에 참여해서 전문 지식과 이해관계와 실행력을 모두 고려한 정책을 만들어내야 합니다. 행정위원회 체제가 자리 잡게 되면 행정부는 영문 그대로 'Executive branch(집행 부서)' 또는 'Administrative branch(관리

부서)'의 역할을 맡게 되는 것이죠.

김현종 정책결정위원회의 다른 장점은 무엇이 있을까요?

고한석 위원회 체제는 정책의 연속성을 일정하게 보장할 수 있습니다. 선거에서 치열하게 상대 정당과 싸워야 하는 정당은 정부 정책의 연속성보다는 단절성을 더 강조하게 되죠. 미국에서도 2000년에 당선된 부시 대통령은 소위 ABC, 즉 'Anything But Clinton'을 모토로 클린턴의 정책들을 모조리 정반대로 시행해야 한다는 방침을 내세웠어요.

특히 양당제를 중심으로 운영되는 대통령제 국가에서는 이러한 현상이 정부 정책을 '갈 지(之)'자로 만들고 야당은 또한 여기에 극렬하게 반대하여 행정부가 마비되기도 합니다. 한국이 지난 산업화 시기에 '경제개발 5개년' 계획을 추진할 수 있었던 것은 박정희라는 독재 정권이 있어서 가능했다고 말하는 사람도 있지만 '경제기획원'이라는 장기 발전 전략을 입안하고 추진하는 조직이 있었기 때문에 가능했다고 볼 수 있습니다.

김현종 경제기획원은 소비에트 계획경제나 만주국 모델에서 온 행정부 주도의 관변 계획경제 모델이었죠. 그때는 옳고 지금은 그릅니다. 지금의 기획재정부는 '욕심만 남고 능력은 사라진' 가분수 집단 같아요. 지금 행정부의 가장 큰 덕목은 기획이 아니라 조정 같은데요. 똑똑하고 프로페셔널한 민간의 동의가 의사 결정의 기본 조건이 돼야 하죠.

고한석 행정위원회는 그런 인식에서 출발하죠. 지난 30년과는 아주 달라진 국제 환경의 파도 속에서 한국이 이리저리 휘둘리다가 침몰하지 않고 올바른 침로를 잡고 다시 한번 도약하려면 부문별 정책이 비록 정권 교체에 따라서 조금씩 초점은 달라질 수 있어도 기본적인 정책 노선은 사회적 합의에 근거하여 일관된 방향을 지향하는 것이 바람직합니다. 이런 측면에서 사회적 합의를 준국가기구 차원에서 담보할 수 있는 행정위원회는 시대적 필요입니다. 이것이 민주주의 완성, 선진국형 의사 결정, 덜 흔들리는 행정부의 첩경이라고 생각합니다.

5. 국가의료위원회

김현종 실제 적용 사례도 생각해보았나요?

고한석 가장 절실하게 필요로 하는 영역이 최근 심각한 갈등을 빚고 있는 의료 정책 분야죠. 의료 정책은 전문적이면서도 복잡한 영역입니다. 최신 의료 기술이 하루가 멀다 하고 혁신되고 있으며 의사, 교수, 간호원, 대학병원, 개업의, 인턴과 레지던트, 제약회사, 의료기기 산업 등 직역과 산업의 이해관계가 복잡하고 갈등적인 영역입니다.

그런데 윤석열 정권은 정치인과 공무원들이 중심이 돼서 '의료 기득권 카르텔 혁파'라는 여론용 슬로건을 앞세워 우격다짐으로 정책을 추진하려고 하다가 사회적 혼란, 국민 생명 위협, 의료 체계 붕괴, 의학 교육 혼란이라는 총체적 파국으로 이어져 정권 붕괴의 단초를 자초하게 되었던 겁니다. 보건복지부는 리더십을 완전히 상실했고, 아무도 공무원들이 이끄는 대로 가려고 하지 않았죠. 이러한 상황에서는 대통령실 산하에 '국가의료위원회'를 설치하고 대통령과 여야가 추천하는 의료 정책 전문가, 각 이해관계자 대표, 관련 공무원들이 참여하여 정책적 합의를 만들어내야 합니다. 보건복지부는 이를 실행하고 관리하는 조직의 역할을 해야 하죠.

김현종 의료 대란은 합리적 의사 결정을 모르는 대통령과 맹종하는 관계 부처에 의해 돈을 낭비하고 의료계 종사자들과 환자를 괴롭힌 사례로 100년은 기억될 겁니다. 한 달에 1,000명 이상의 초과 사망자, 제대로 치료를 받았으면 돌아가시지 않았을 희생자가 발생했다고 하죠.

고한석 행정위원회 또한 민주주의의 한 방식입니다. 선거를 통한 대의제 민주주의만 민주주의의 유일한 방식은 아니죠. 추첨에 의한 선출도 엄연히 또 하나의 민주주의 방식입니다. 이러한 행정위원회에 민주적 정당성을 부여하는 것은 국민이 직접 뽑은 대통령과 여야 정당이 위촉한 사람들, 그리고 그 분야에 종사하는 사람들의 대표자들로 구성된다는 사실에 의해서 보장됩니다. 이들에 의해 행정 부처에 대한 민주적 통제가 부분적으로 이루어진다고 할 수 있습니다.

6. 책임장관과 장관실

김현종 장관과 부처에 대한 통제는 강화하되 활동 반경을 늘려주는 방안은 없을까요? 매사를 대통령과 대통령실에 의존하는 행태로는 앞서 얘기한 98%의 현안들이 묻히겠네요. 장관과 부처가 잘 돌아가야 세금 낭비도 없을 텐데요.

고한석 행정 부처에 대한 민주적 통제는 대통령에 의해 임명되는 장관을 통해서도 이루어집니다. 이는 국방부 장관이 군인 출신이 아니라 민간인이어야 한다는 것과 기획재정부 등의 장관도 관료 출신보다는 민간인 출신이 맡아야 한다는 것과 일맥상통합니다. 하지만 민주적 통제를 위해 장관을 비관료 출신으로 임명한다고 해서 곧바로 '민의의 반영'과 '민의의 실현'이라는 과제를 수행할 수 있는 것은 아닙니다. 과거에 대통령실 중심의 국정운영을 '제왕적 대통령' 또는 '청와대 정부'라고 비판한 것은 일정한 측면에서 옳지만, 그 폐단을 고치는 대안이 '관료 주도 정부'가 되어서는 곤란하죠.

저는 책임총리라는 개념처럼 '책임장관'을 주창합니다. 이게 가능해져야 '대통령-총리-각 부처 장관'의 삼각 편대가 균형 있게 비행할 수 있게 됩니다. 이 삼각 편대가 정부의 핵심입니다. 대통령은 약 450명에 달하는 대통령실(이 중 200명은 소위 '어공'인 별정직 공무원이고 250명은 소위 '늘공'인 일반직 공무원)의 도움을 받고, 국무총리는 약 300명의 공무원으로 구성된 국무조정실 외에 100명으로 구성된 비서실(이 중 '어공'은 40명으로 총리를 정무적으로 보좌한다)의 도움을 받습니다. 그런데 장관은 너무 빈약합니다. 부처별로 약간 규모가 다르지만 대체로 5~7명(서무 및 기사 포함) 정도의 일반직 공무원들이 수행, 일정, 총무 등의 행정적 지원을 하고 '어공' 정책 보좌관 2명의 정무적 보좌를 받을 뿐이죠. 강한 대통령과 약한 장관은 바람직하지 않습니다. 강한 대통령과 강한 장관이 상호 협력해야 합니다.

김현종 지금까지는 관료 집단이 장관을 겉으로는 받들면서 속으로는 무시했죠. 특히 직업 관료가 아닌 교수나 시민단체 출신 장관들의 경우 더 심했죠.

고한석 관가에서는 비관료 출신 장관을 '행정부의 섬'이라고 부릅니다. 이들은 장관으로 처음 부임할 때부터 바로 공무원들에게 둘러싸여서 각종 보고와 행사에 치이게 됩니다. 나쁘게 말하자면 관료들에게 '포획'되는 거죠. 심할 경우 공무원들은 의도적으로 장관을 '뺑뺑이' 돌립니다. 그래야 자신들이 일하기 편해지기 때문이죠.

비관료 출신 장관은 일반적으로 짧은 임기에 업무 및 행정 체계 파악에만 수개월이 소요되며 통솔해야 할 대상은 수백 명에서 수천 명에 이릅니다. 그런데 장관은 고작 2명의 정책 보좌관을 데리고 부처에 들어갈 수 있으며, 이들의 직무는 검토, 의견 수렴, 협조에 불과하고 활동 폭도 제한됩니다. 물론 역량이 출중한 장관들은 자신의 리더십으로 자기 부처를 장악하고 정권의 정책 방향을 뚝심 있게 실행하여 성과를 내기도 합니다. 하지만 상당수 비관료 출신 장관들은 결국 2년 정도 물과 기름처럼 부처 위를 겉돌다가 교체되죠.

김현종 검토할 만한 해외 사례가 있을까요?

고한석 책임장관이 제대로 부처를 장악하고 일을 추진하기 위해서는 장관을 보좌하는 '장관실'이 필요합니다. 그러한 예는 프랑스에서 찾아볼 수 있어요. 프랑스는 이미 19세기 초부터 'Cabinet ministériel(장관의 내각이라는 뜻)'이라는 이름으로 장관실을 두었지만 본격적으로는 1958년 제5공화국 들어서 행정부 권한이 강화되면서 그 역할과 중요성이 크게 증대되었어요.

프랑스의 장관실은 약 30~40명 규모로 이 중 절반가량이 '어공'이고 나머지는 일반직 공무원입니다. 여기에는 장관실장, 부실장을 비롯하여 분야별 정책 전문가들(예를 들어 보건복지부의 경우 복지, 의료, 연금, 청소년, 노인 등 정책 전문가들), 내부 부서 간 조정, 의회(상임위) 및 시민사회 관계 담당, 언론 홍보 담당, 행정 보좌 등이 있어서 장관을 다방면에서 도와줍니다. 어찌 보면 청와대 정책실의 각 비서관 및 행정관들이 각 부처 장관실로 옮겨온 것과 비슷하죠.

7. 정무차관의 필요성

김현종 지금까지 행정위원회를 통해 관료 집단의 정책 결정권을 통제하고, 즉 민간 전문가의 컨펌을 받도록 하고, 대통령실이나 총리실에서 차용한 장관실을 두자고 제안했습니다. 국민주권 시대에 부합하는 견제와 균형의 발상들이죠. 이것만으로 관료 집단을 잘 유도할 수 있을까요?

고한석 이를 총괄하는 장관실장 역할을 하는 정무차관을 각 부처에 두어야 합니다. 정무차관은 초선 의원 정도의 정치인이 맡는 정무직으로, 일본 같은 경우 사무차관과 정무차관을 두어 사무차관은 부처 관료가 맡고 정무차관은 여당의 젊은 정치인이 맡습니다.

일본을 방문해 외교부 정무차관과 면담한 적이 있습니다. 당시 일본 외교부에는 3명의 정무차관이 있어서 각기 미주 대륙, 아시아-호주, 유럽-아프리카를 나누어 담당했어요. 이러한 정무차관들을 통해서 정당은 부처에 대한 민주적 통제를 강화하는 한편 행정부를 경험한 차세대 리더들을 육성하고 정당의 정책 역량을 강화합니다.

부처는 또한 담당 상임위 의원들과 원활하게 소통할 수 있는 공식 채널을 확보하게 됨으로써 정책 추진에 힘을 얻을 수 있게 됩니다. 지금처럼 대립적인 야당과의 공식적인 협치 메커니즘을 합의하기 어려운 상황에서는 각 부처 정무차관이 담당 상임위의 야당 의원들과 소통하면서 비공식적인 협치를 추진하여 정부 추진 정책에 대한 협조와 타협을 모색할 수 있습니다.

김현종 부처나 관료들도 영 손해는 아니라는 설명이 인상적입니다. 특히 외부와의 소통, 섭외의 속도와 능력에 있어서 말이죠. 어떤 측면에서는 관료를 배제, 위축시키는 게 아니라 불필요한 책임과 부담을 덜어주는 측면도 있는 것 같네요.

고한석 국정운영은 시스템입니다. 우리는 한국의 역사적·문화적 맥락 속에서 형성된 국정운영 시스템으로 지금까지 성공적인 발전을 이루어냈죠. 유럽식 다당제와 의원내각제가 좋다고 그것을 모두 받아들여야 한다거나, 미국식 대통령제가 좋으니 그것을 최대한 닮아가야 한다는 주장은 잘못입니다. 물론 시대가 바뀌었고 환경이 바뀌었고 세대가 바뀌었습니다. 하지만 시대가 바뀌었다고 우리가 그동안 가져왔던 장점을 내다 버려서는 안 됩니다.

우리는 '민의의 실현'에 초점을 맞춘 효율적 행정부와 활발한 '민의의 표현'을 대변하는 국회와 대통령을 가지고 있어요. 이 둘의 장점이 합쳐져야 합니다. 효율적인 행정부에 민주주의를 더욱더 스며들게 하고, 동시에 전문성을 보강하고 사회적 합의와 협치 능력을 강화하여 험한 파도가 몰아치는 국제 정세와 세계경제를 함께 헤치고 항해해야 합니다. 새 정부가 유능하면서도 민주적이고 통합적인 정부가 되기를 진심으로 기원합니다.

2장

분열과 통합의 현대사:
김대중부터 이재명까지,
국민통합 실현 방안

민병두 × 김현종 대담 ①

∙ ∙ ∙

대한민국 역대 대통령은 모두 국민통합 시대를 열겠다고 했지만 결이 약간 달랐다. 김대중은 정치 보복 없는 정치를 국민통합으로 생각했다. 노무현은 지역주의 타파와 지역균형발전을, 박근혜는 경제민주화와 생애주기별 맞춤형 복지를 통해서 국민통합을 이루겠다고 했다. 문재인은 모든 국민의 대통령이 되겠다고 했다.

김현종 이재명 대통령도 국민통합을 강조했지요. 6월 4일 취임사에서 "정의로운 통합정부, 유연한 실용정부가 될 것"이라며 "국민통합을 동력으로 삼아 위기를 극복하겠다"라고 말했습니다.

민병두 맞습니다. 앞서 후보로 지명되었을 때도, 그리고 다음 날 현충원을 찾아서 이승만, 박정희 순으로 전직 대통령 묘역을 참배할 때도 국민통합을 강조했어요. 최고위원회의에 참석해서도 국민통합을 주장했어요. 중앙선대위에 국민통합위원회를 두고 국민의힘에서 영입한 전직 의원들을 배치했지요. 보수 책사라고 불리는 윤여준 전 환경부 장관도 상임총괄선대위원장으로 위촉했습니다. 선거 캠페인을 하면서는 정계 은퇴를 선언한 홍준표를 '낭만의 정치인'이라며 소환하기도 했습니다.

김현종 명분적으로, 현실적으로 통합을 거머쥐어야 했던 거죠?

민병두 그의 대선 후보 수락 연설에서도 현 상황을 보는 인식을 확인할 수 있습니다. 우리나라가 선도국가가 될 것이냐 아니면 변방으로 추락할 것인가 하는 분수령에 있다는 절박한 생각을 갖고 있는 것을 확인할 수 있어요.

"이번 대선은 대한민국이 국민통합을 통해 세계를 선도하는 나라로 우뚝 설 것인지, 파괴적인 역주행을 계속해서 세계의 변방으로 추락할지가 결정되는 역사적 분수령입니다.… 이념과 사상, 진영에 얽매여, 분열과 갈등을 반복할 시간이 없습니다. 더 큰 퇴행과 역주행으로 30년, 50년 후의 국가 미래를 망칠 여유도 없습니다."

수락 연설 중에서 3분의 2 정도를 그가 직접 여러 번 수정한 것으로 알고 있어요. 그래서 그런지 통합에 대한 절박

함을 수차례 강조한 문장은 그의 고민에서 나온 것으로 보입니다.

"어떤 사상과 이념도 시대의 변화를 막을 수는 없습니다. 어떤 사상과 이념도 국민의 삶과 국가의 운명 앞에서는 무의미합니다."

약육강식의 무한 대결 세계 질서, 인공지능(AI) 중심의 초과학기술 신문명시대 앞에서, 우리 안의 이념이나 대결의 감정 같은 것들은 사소한 일이라며 탈이념을 강조했습니다. 그의 실용주의의 배경이 되는 상황 인식입니다. 이어지는 문장을 보면 한 정치 지도자의 꿈이 담겨 있습니다.

"한 걸음만 뒤처져도 추락 위험을 안은 추격자 신세지만, 반 발짝만 앞서도 무한한 기회를 누리는 선도자가 됩니다.… 우리가 함께하면 무질서와 분노, 상처와 절망은 사라지고 새로운 희망이 피어날 것입니다. 우리가 함께 손잡으면, 불의와 거짓, 분열은 멈추고 정의와 통합의 강물이 흘러넘칠 것입니다. 온 국민이 힘을 모아 함께 나아가면, 추락하던 이 나라는 광대한 세계로 날개 치며 솟구칠 것입니다."

이재명 민주당 대선 후보 수락 연설에서 인상 깊은 부분입니다. 깊은 고민에서 나온 언어의 배열입니다. 국민통합이, '잘사니즘'이 국민행복으로 가는 최고의 길이라는 선언인데, 이 정도 표현을 했으면 새 정부의 국정철학이라 보아도 무방합니다.

김현종 일회성으로 한 말일 수도 있고, 아름다운 문장의 나열일 수도 있지 않을까요? 통상적으로 이야기하는 당선을 위한 레토릭일 수도 있지 않을까요?

민병두 이튿날 민주당 최고위원회의에 참석해서는 대통령이라는 단어를 국어사전에서 찾아보았다며 의미를 소개했어요. '경쟁은 하되 공동체가 깨지지 않도록 하는 것'이 대통령의 일이라고 했더군요.

"우리가 가야 할 길은 명확합니다. 갈가리 찢어지지 않도록 통합을 해나가야 합니다. 저는 민주당의 후보이기도 하지만 동시에 온 국민의 후보가 되도록 노력하겠습니다. 정치는 상대와 다른 점을 찾아 경쟁하면서도 함께 지향할 공통점을 찾는 것이 중요합니다. 경쟁은 하되 공동체를 훼손하지 않아야 합니다."

그가 지난 3년간 윤석열과 정치검찰에 의해 탄압을 받으면서 얼마나 깊게 고민했는지를 확인할 수 있는 지점입니다. "온 국민의 대통령이 되겠다", "갈가리 찢어지면 안 된다", "공통점을 찾아야 한다"는 등의 말은 헛말이 아니라 역정을 이기고 살아남으면서 얻은 철학이자 가치라고 봅니다.

1. 김대중의 국민통합, 화해와 용서

김현종 역대 대통령이 모두 통합을 얘기했지요. 방점이 다소 다를 수도 있고, 시대에 따라서 통합이 추구하는 바가 다릅니다. 김대중 대통령의 통합론은 어떻게 정의하나요?

민병두 김대중의 통합론은 한마디로 정치 보복을 하지 않는 것입니다. 다섯 번의 죽을 고비를 넘긴 인동초, 김대중은 화해와 용서를 신앙처럼 간직하고 있었습니다. 자신의 정적인 박정희를 용서했습니다. 자신에게 내란 우두머리 혐의를 씌워 사형을 하려했던 전두환, 노태우도 사면했습니다. 피해자인 그가 나서서 가해자들을 용서할 때 국민통합이 된다고 보고 직접 실천했습니다.

김대중은 1998년 2월 25일 대통령 취임사에서 분명하게 단언하고 약속했지요. 어떠한 정치 보복도 하지 않겠다고 다짐했어요. 그는 취임 직후 자신을 도쿄로 납치한 뒤 바다에 떨어트려 수장시키려 했던 이후락 전 중앙정보부장에게 해외 망명할 필요가 없다며 한국에서 남은 인생을 편하게 살라고 하기도 했습니다.

"저는 국민에 의한 정치, 국민이 주인되는 정치를 국민과 함께 반드시 이뤄내겠다는 것을 약속하고 다짐하는 바입니다. 국민의 정부는 어떠한 정치 보복도 하지 않겠습니다. 어떠한 차별과 특혜도 용납하지 않겠습니다. 다시는 무슨 지역 정권이니 무슨 도(道) 차별이니 하는 말이 없도록 하겠다는 것을 굳게 다짐합니다."

김현종 맞아요. 김대중 대통령은 죽을 고비를 넘길 때마다 화해와 용서를 강조했습니다. 그런 점에서 큰 정치인, 품이 넉넉한 위인 같은 느낌을 지울 수 없습니다.

민병두 김대중은 1980년 9월 13일 육군본부 군사 재판정에서 그와 함께 구속된 동지들이 지켜보는 가운데 최후진술을 했습니다. 사형 구형을 받고 나서 담담하게 말했어요. 그 자신은 형장의 이슬로 사라질 것으로 생각하고 정치 보복을 하지 말라는 일종의 유언을 남겼습니다.

"나는 여기서 이 기회를 빌려 공동 피고인 여러분께 유언을 남기고 싶습니다. 내 판단으로 머지않아 1980년대에는 민주주의가 회복될 것입니다. 나는 그걸 확실히 믿고 있습니다. 그때가 되거든 먼저 죽어 간 나를 위해서든, 또 다른 누구를 위해서든 정치적인 보복이 이 땅에서 다시는 행해지지 않도록 부탁하고 싶습니다. 이것이야말로 내 마지막 남은 소망이기도 하고 또 하느님의 이름으로 하는 내 마지막 유언입니다."

김대중은 사형수 시절인 1980년 12월 3일, 서울구치소에서 쓴 옥중 편지에서 박정희, 전두환에 대한 용서를 강조했습니다.

"나는 나의 그리스천으로서의 신앙과 우리 역사의 최대 오점인 정치 보복의 악폐를 내가 당한 것으로 끝마쳐야겠다는 신념을 1976년의 3·1 민주구국선언사건으로 투옥된 후 굳게 하며 그 이후에 일관했습니다. 지금 나를 이러한 지경에 둔 모든 사람에 대해서도 어떠한 증오나 보복심을 갖지 않으며 이를 하느님 앞에 조석(朝夕)으로 다짐합니다."

김현종 미국 망명 중이었던 1983년 3월 5일 미국 필라델피아 템플대학교에서 '민중의 한과 우리 세대의 사명'을 주제로 강연을 했던 것이 기억납니다. 춘향전, 심청전, 흥부전을 동원해서 한(恨)의 승화가 무엇인지를 설명했는데 그 해석이 절묘했습니다. 감탄사가 저절로 나올 정도였죠.

민병두 그의 용서와 화해에 대한 철학은 단순한 정치 수사가 아닙니다. 한의 민족인 우리 조상들이 역사와 문학 속에서 한을 어떻게 승화했는지를 읽어보려고 했습니다.

"민중의 한은 원한이 아닙니다. 그렇기 때문에 복수로써 풀리지 않습니다. 그 소망의 성취로써만 풀립니다. 우리 민중의 한을 가장 잘 대표하는 것이 우리나라에 있는 판소리입니다. 이 판소리는 가장 우리 민중의 한을 잘 대변하고 있습니다.

　우리가 춘향전을 보면 춘향이의 한은 결코 자기를 그렇게 괴롭히고 감옥에 들어가서 곤장을 때리고 수청 안 든다고 해서 박해한 변 사또에게 보복하는 데 있지 않습니다. 춘향이의 한은 자기를 사랑하는 이 도령과 맺어짐으로써 풀립니다. 보복으로써 풀린 것이 아닙니다.

　심청이의 한은 심청이가 공양미 삼백 석에 아버지의 눈을 뜨게 하기 위해서 인당수에 몸을 던지고 들어가지만 하늘의 옥황상제가 이것을 기특히 여겨가지고 심청이를 구출합니다. 황후가 되게 만듭니다. 황후라면 여자로서는 최고의 부귀영화입니다. 그렇지만 심청이의 한은 풀리지 않습니다. 왜, 심청이의 한은 아버지가 눈 뜨는 데 있습니다. 그러므로 봉사 맹인잔치를 해가지고 아버지가 눈을 뜰 때 비로소 심청이의 한은 풀립니다.

　흥부는 자기가 배고팠던 그 생활로부터 해방돼서 제비가 갖다 준 박에 의해서 부자됨으로써 족합니다. 자기가 부자가 되고 나서 자기를 그렇게 박해했던 형에 대해서 보복하기는커녕 오히려 재산을 나눠줍니다. 이와 같이 우리 국민의 한은 좌절된 소망을 기다리고 기다리면서 성취하도록 노력해서 그 성취를 통해서 풀리는 것이지 결코 보복이라던가 원한으로 풀리는 것은 아닙니다."

　정말 뛰어나지 않은가요? 한은 더 높은 성취를 통해서 풀리는 것이지 즉자적인 대응과 보복, 복수로는 한을 풀 수 없다는 것입니다.

김현종 문학과 현실은 다르고, 해석과 행동은 다릅니다. 그래서 당대의 한을 어떻게 풀려고 했는가가 중요하지요.

민병두 그는 우리 민중이 가지고 있는 한은 독재와 분단으로 인한 고통이라고 보았습니다. 그 한은 우리 땅에서 독재정치를 종식시키고 갈라진 두 동강의 나라를 하나로 합쳐서 남북이 통일될 때만 풀리는 것이라고 생각했습니다. 분단의 한은 남북정상회담을 통해서 풀려고 했고, 광주의 한은 자유롭고 정의로운 나라의 실현을 통해서 해결되는 것이라고 보았습니다.

김현종 김대중 대통령은 말로만 국민통합을 외치지 않았지요. 구체적으로 박정희기념관 건립에 앞장섰습니다. 그렇게 해서 역사와 화해를 했나요?

민병두 김대중은 대통령에 취임한 후 박정희기념관 건립에 200억 원을 지원했고, 박정희기념사업회 고문도 맡았습니다. 김종필은《중앙일보》증언록 '소이부답'에서 박정희 대통령 기념관 건립에 대해 증언했습니다. 이 건은 김종필이

1992년 대선에서 김영삼을 지원할 때도 약속받은 사안이었으나 김영삼은 약속을 지키지 않았어요. 반면에 김대중은 대통령 재임 중 200억 원을 책정해 기념관 건축 공사에 착수했습니다. 김대중은 1992년 대통령 선거에 나서면서 박정희 묘역도 참배했습니다. 뉴DJ플랜의 일환이기도 했지만 진정성도 있었습니다. 이재명 대통령이 이번에 후보로서 이승만, 박정희 묘역을 참배한 것 가지고도 화제가 되었는데 무려 30년 전의 일이니 얼마나 화제가 되었겠습니까? 센세이셔널했지요.

김현종 박정희기념사업회 관계자들과 만나서 박정희와 얽힌 얘기들을 풀어놓은 것도 인상적이었습니다.

민병두 김대중은 대통령 취임 후 1년쯤 지난 1999년 5월 13일 박정희의 정치적 고향인 대구를 방문해 대구·경북(TK) 핵심 인사 30여 명과 저녁을 함께했어요. 박정희 기념사업을 위해 애쓴 기념사업회 관계자들에게 감사의 마음을 전하는 자리였지요. 정부도 '전직 대통령 예우에 관한 법률' 제5조의 '기념사업의 지원을 할 수 있다'에 의거해 지원을 아끼지 않겠다고 다짐했어요.

그는 1979년 10·26이 있기 전에 박정희 면담을 요청했는데 성사되지 못한 것을 안타까워했어요. 박정희가 성공하기 위한 조언을 하려고 했는데 이뤄지지 못했다는 거죠. 둘은 어쨌거나 한국 정치의 두 축이었다며, 이제는 서로 미워하고 싸웠던 적대를 풀고 화해하는 마음이라고 했습니다. 박정희가 이룬 경제적 근대화는 부인할 수 없다며, 여러분도 화해의 대열에 동참하자고 제안했습니다. 1992년 대통령 선거 출마 시에 박정희 묘소를 참배해서 화해했는데, 이제는 출마하는 입장도 아니고. 진정한 화해의 심정이라며 그날 저녁이 참으로 뜻깊은 밤이라고 했습니다.

김현종 그러자 박정희의 딸, 박근혜도 김대중의 노력에 화답했습니다. 참 보기 좋은 모습이었지요. 역사의 피해자가 먼저 화해를 요청하고 그 딸이 죽은 아버지, 가해자를 대신하여 잘못을 인정하고 사과했습니다.

민병두 김대중이 대통령직에서 물러난 후인 2004년 8월에 박근혜 한나라당 대표가 김대중도서관을 방문했습니다. 박근혜는 김대중에게 "아버지 시절 여러 가지로 피해를 입으시고, 고생한 데 대해 딸로서 사과 말씀드린다. 재임 중 기념관 문제로 어려운 결정을 한 것에 감사드린다"라고 정중하게 말했습니다.

김대중은 "내 속에 있는 무슨 응어리가 풀린 것 같은 기분이 들었다. 아버지 시대 맺었던 원한을 따님이 와서 풀고 한 것에서 우리가 인생을 사는 보람을 느끼는 것"이라고 회고했습니다. 김대중은 2006년 3월 21일 박정희가 세운 영남대학교에서 명예박사학위를 받았습니다. 그 당시에 다른 요청들은 다 사양했는데 영남대학교 건만 수락했어요. 김대중의 퇴임 후 비서관을 지낸 국회의원 최경환은 자신이 쓴 《김대중 리더십》에서 이날의 모습을 가리켜 "산 자와 죽은 자의 화해"라고 표현했어요.

김현종 김대중 대통령이 재임 중에 전두환, 노태우를 사면한 것을 두고 논란이 벌어졌습니다. 절대 무관용으로 임했어야 했는데, 지금 와서 보면 결과적으로 윤석열이 계엄이라는 망상을 품게 한 것이 아닌가 하는 지적이 있습니다.

민병두 김대중은 심지어 재임 기간 중에 전두환, 노태우, 김영삼을 관저로 초대해 식사 대접을 했어요. 전직 대통령을 모두 모아서 식사를 한 유일한 대통령입니다. 노태우는 죽기 전에 자신의 잘못에 대해 사과했습니다. 그의 아들도 사과했습니다. 전두환은 사과를 하지 않고 세상을 떠났습니다. 윤석열의 망상 계엄을 접하고 다시 전두환의 사면 복권에 문제가 있었다고 비판하는 사람들이 생겼지만 김대중이었기에 할 수 있는 일이었습니다. 김대중은 국민통합에 대한 강한 신념이 있었기에 용기를 가질 수 있었지요. 그의 회고록 한 구절입니다.

"나에게 유일한 영웅은 국민이다. 나는 역사 안에서 절대로 국민은 패배하지 않을 거라고 믿는다. 내가 사실 이렇게 민주화를 위해 오랫동안 투쟁한 것은 나 자신의 용기 때문이 아니었다. 나는 소심하고 두려움이 많다. 그러나 국민을 믿는 신념이 있었기에 용기를 가질 수 있었다."

국민이 절대로 패배하지 않을 것이라고 예언한 점에서 그의 예언이 절반은 맞았습니다. 하지만 망상 계엄이 일어났다는 점에서 절반은 틀렸습니다. 노태우는 회개했지만 전두환은 그러지 않았습니다. 노태우가 언제 어떤 계기로 반성을 하게 되었는지는 정확하지 않지만 김대중의 노력이 계기가 되었을 것입니다. 하지만 전두환의 경우를 보면, 그리고 전두환이 계엄만 빼면 정치는 잘했다는 윤석열을 보면 무관용이 맞습니다. 이재명 대통령이 윤석열을 대하는 데 있어서 교훈이 될 것입니다.

김현종 넬슨 만델라나 김대중이나 화해와 통합의 상징이 되었지만 그 정신이 다른 정치인에 의해서 계승되지는 않았습니다. 그런 점에서 국민통합의 제도화, 불가역적인 것이 되게 할 수 있는 어떤 수단이 있는지 고민이 됩니다.

민병두 넬슨 만델라는 과거사 문제를 다루면서 '잊지는 않지만 용서한다(forgive without forgetting)'는 원칙을 내걸었습니다. 그는 나라의 미래를 위해 흑백 통합이 필요하고, 백인들의 지식·기술·자본을 끌어안고 관료 체계를 활용해야 한다고 생각했습니다. 흑인들의 반발을 무릅써가며 백인 세력을 끌어안았습니다. '진실과화해위원회(TRC)'도 세웠는데요. 진정한 화해는 진실 규명 위에서 가능하다는 믿음으로 진실을 파헤쳤습니다. 한국과 중남미 국가에서 진실 규명의 모델이 되었지요. 목적은 처벌에 있다기보다 화해에 있었습니다. 잘못을 고백하고 용서를 구하라는 것이었습니다. 만델라 역시 그들의 책임을 제대로 묻지 않았다고 해서 비판을 받았지요. 그리고 남아공에서 흑백 갈등은 더 심해졌습니다.

한국에서는 이명박이 집권한 지 얼마 안 돼서 노무현이 서거했습니다. 일생동안 정치 보복을 반대해온 김대중은 노무현 서거 후 "평생 민주화 동지를 잃었다. 민주정권 10년을 같이 한 사람으로서 내 몸의 반이 무너진 것 같은 심정"이라고 했습니다. 그리고 얼마 안 있어 김대중도 우리 곁을 떠났습니다. 그는 일기장 마지막에 한마디로 삶을 정리했습니다.

"인생은 아름답고 역사는 발전한다."

그러나 정치 현실은 그렇게 되지 못했습니다. 김대중 대통령의 노력이 보수 대통령에 의해 이어지면서 몇 차례만

반복되었으면 정치 문화가 바뀌었을 것입니다. 이명박은 검찰의 행태를 방조했고 윤석열은 대놓고 진두지휘했습니다. 정치검찰에 당한 이재명은 앞으로 어떻게 대응할까요. 내란 세력을 청산함으로써 정의를 세우는 것과 국민통합을 추구하는 것의 비중을 놓고 고민이 되는 대목입니다.

2. 노무현의 국민통합, 지역주의 타파

김현종 이번엔 노무현 대통령 이야기를 해볼까요. 노무현의 국민통합은 김대중의 국민통합과는 결이 다릅니다. 삶의 이력, 정치적 경험, 가치관의 차이가 작용하는 것 같습니다. 노무현의 국민통합은 지역주의 타파와 지역균형발전이라고 할 수 있지 않은가요?

민병두 1999년 노무현은 '대한민국 정치 1번지 종로 국회의원'이라는 타이틀을 스스로 내려놓고 부산으로 향했습니다.
 "지역 대결의 정치가 이 나라를 망치고 있습니다. 지역구도 때문에 영남 대통령이 호남에 가면 구 의원도 안 되고, 호남의 대통령은 이 부산에 오면 구 의원도 되지 않는 이런 정치가 되고 있습니다. 그래서 우리 정치가, 나라가 흔들리고 있습니다. 영남과 호남의 반쪽 지도자가 아니라, 전 국민을 하나로 묶는 통합과 화합의 지도자가 되겠습니다."

　2000년 총선에서 노무현은 정치적 사지였던 부산 북강서을 선거구에 출마해 장렬하게 전사했습니다. 부산에 내려온 이유가 통합과 화합이라며 표를 호소했는데 부산 시민은 그를 외면했지요. 노무현은 부산 시민을 탓하지 않았습니다. 국민이 노무현을 다시 일으켜 세웠습니다. '바보 노무현'이란 별명을 붙여주었습니다. 그를 두고 희망을 얘기하는 시민들이 늘어나기 시작했지요. 인터넷에선 자발적 팬클럽인 '노무현을 사랑하는 사람들의 모임', '노사모'가 탄생했어요. 총선이 끝나고 두 달 후인 2000년 6월 6일, 대전대학교 앞 조그만 PC방에 60여 명이 모였습니다. 그곳에서 역사가 시작됐습니다.

　2000년 5월 24일, 총선에서 패배한 지 얼마 안 지나 노무현은 차기 대권 도전을 공식 선언했습니다. "총선에서 부산 출마를 결심한 데는 여러 가지 이유가 있었다. 가장 중요한 이유는 부산에서의 당선을 딛고 부산 시민의 지지를 모아 차기 대통령 선거에 도전하여 성공함으로써 동서로 갈라진 나라를 하나로 통합하고자 하는 것이었다"고 말했습니다. 무모해 보였지만 그렇게 그는 일어섰습니다. 그는 지역주의 타파와 국민통합을 늘 입에 달고 다녔습니다.

김현종 대통령 임기 중 한나라당에 대연정까지 제안하면서 지역주의 극복을 얘기하다가 역풍을 맞았죠. 대연정을 제기한 이유와 목적은 무엇일까요?

민병두 노무현도 2003년 2월 25일 대통령 취임사에서 국민통합을 말했습니다.

"정치부터 바뀌어야 합니다. 진정으로 국민이 주인인 정치가 구현되어야 합니다. 당리당략보다 국리민복을 우선하는 정치풍토가 조성되어야 합니다. 대결과 갈등이 아니라 대화와 타협으로 문제를 푸는 정치 문화가 자리 잡았으면 합니다. 저부터 야당과 대화하고 타협하겠습니다."

노무현은 야당의 탄핵에 부딪히면서 한때 직무가 정지되었습니다. 야당과 대화하고 협치하겠다는 그의 소망은 애초부터 벽에 부딪혔습니다. 17대 총선에서 열린우리당이 152석으로 원내 1당이 됐지만, 다음 해 4월 보궐선거에서 패배하면서 과반이 무너졌습니다. 노무현은 한나라당과의 대연정을 제안했습니다. 원래부터 그가 생각한 바였다고 합니다. 한나라당이 주도하는 내각제 수준의 연정을 하되, 지역주의 타파를 위한 선거구제 개편을 하자는 것이었습니다. 이 제안이 반발에 부딪히자 그는 '당원동지 여러분께 드리는 글-지역구도 등 정치구조 개혁을 위한 제안'(2005년 7월 28일)을 통해 대연정 제안의 배경을 설명했습니다.

"열린우리당이 주도하고 한나라당이 참여하는 대연정이

라면 한나라당이 응할 리가 없을 것입니다. 따라서 대연정이라면 당연히 한나라당이 주도하고 열린우리당이 참여하는 대연정을 말하는 것입니다. 물론 다른 야당도 함께 참여하는 대연정이 된다면 더욱 바람직할 것입니다.

그리고 이 연정은 대통령 권력하의 내각이 아니라 내각제 수준의 권력을 가지는 연정이라야 성립이 가능할 것입니다. 따라서 이 제안은 두 차례의 권력이양을 포함하는 것입니다. 대통령의 권력을 열린우리당에 이양하고, 동시에 열린우리당은 다시 이 권력을 한나라당에 이양하는 것입니다.

권력을 이양하는 대신에 우리가 요구하는 것은 지역 구도를 제도적으로 해소하기 위하여 선거제도를 고치자는 것입니다. 굳이 중대선거구제가 아니라도 좋습니다. 어떤 선거제도이든 지역 구도를 해소할 수만 있다면 합의가 가능할 것입니다. 당장 총선을 하자는 것도 아닙니다. 정치적 합의만 이루어지면 한나라당이 주도하는 대연정을 구성하고, 그 연정에 대통령의 권력을 이양하고 그리고 선거법은 여야가 힘을 합하여 만들면 됩니다."

김현종 지역주의 때문에 여야 간에 대화도 안 되고 정치의 생산성도 떨어진다는 것이 노무현의 인식이었던 것으로 보입니다. 실제로 그런가요?

민병두 정치가 지역주의 틀에 갇혀있다는 것이 그의 근본적 인식입니다. 특히 영남의 지역주의가 문제라는 생각이었습니다. 이번 계엄정국과 대선에서 보듯이 영남 보수주의는 80년 된 뿌리를 갖고 있습니다. 민주주의의 회복력이 놀라웠던 것처럼, 독재의 뿌리도 만만치 않은 회복력을 갖고 있습니다. 이것은 한국 내에서 TK 또는 영남이라는 지역 패권, 지역 기득권을 놓치지 않으려는 강력한 중심 기반이 있기 때문에 가능한 일이었습니다. 계속해서 살펴보면 노무현이 무슨 생각을 했는지 이해가 될 겁니다.

"우리 정치의 많은 문제가 지역주의에서 비롯되고 있습니다. 지역 구도하에서 정치인이 선거에서 이기는 길은 끊임없이 상대방 지역과 상대 당에 대한 불신과 적대감을 자극하고 지역이기주의를 부추기는 것입니다. 의정 활동도 오로지 지역감정과 지역이기주의를 중심에 놓고 대결하게 됩니다. 지역으로 편을 가르고 대결이 심화될수록 지역 민심은 더욱 단결하는 구조이니 정책정당도 대화 정치도 설 땅이 없어집니다.

우리 모두가 기득권을 포기하는 결단을 해야 합니다. 대통령과 열린우리당은 정권을 내놓고 한나라당은 지역주의라는 기득권을 포기해야 합니다. 어느 하나도 쉬운 일은 아닙니다. 그러나 그럴만한 가치가 있고, 하기만 하면 모두가 승리할 수 있는 일입니다."

김현종 결국에는 한나라당뿐만 아니라 집권당인 열린우리당도 대연정을 거부했습니다. 너무 앞서간 생각 혹은 현실 정치와 동떨어진 구상 아니었던가요?

민병두 대연정 제안은 여야 모두로부터 거부당했습니다. 독재의 후신, 차떼기당과 연정을 할 수 없다는 열린우리당의 반발이 거셌습니다. 한나라당에서도 반대했습니다. 중대선거구제를 하면 열린우리당은 영남에서 진출이 가능하지만, 한나라당은 호남에서 진출이 어렵다고 계산했습니다. 또 야당 입장에서는 연정에 참여해서 얻을 것이 없었지요. 우리나라는 대통령제이고 게다가 양당제입니다. 정부가 실패하면 그 책임이 연정에 참여한 야당에게도 돌아갑니다. 정부가 성공하면 야당의 공이라고 말하기 어렵습니다.

노무현은 2007년 9월 6일 APEC 정상회의에 참석하기 위해 오스트레일리아로 가면서 김경수 연설기획비서관에게 메모를 건네며 기록용으로 남겨두라고 지시했습니다.

"대연정과 관련하여 대통령의 생각은 너무 앞서가고 있었다. 이상은 높은 곳에 있었고 정치 현실은 여소야대 일방통행의 시대를 살고 있었다."

그는 사후에 발간된 회고록에 이런 말을 남겼습니다.

"성숙한 민주주의, 대화와 타협의 정치를 이루려면 사람만이 아니라 제도도 바꾸어야 한다. 그래야 인재와 자원의 독점이 풀리고 증오를 선동하지 않고도 정치를 할 수 있다."

"국회의원 선거구제를 바꾸는 것이 권력을 한 번 잡는 것보다 훨씬 큰 정치 발전을 가져온다고 믿는다."

TK에서도 민주당 후보가 당선되어 민주당이 괴물이 아니라는 것을, 호남에서도 국민의힘이 의원을 배출하여 꼴통을 아니라는 것을 보여주기는 여전히 쉽지 않습니다. 지역주의가 타파되면 정당의 일극화를 막고, 대화와 타협의 정치가 가능해질 수 있습니다. 그의 문제의식은 맞습니다. 이번 계엄 정국을 보면서 울산의 김상욱 의원 같은 사람이 영남 국회의원 중 많았더라면 국민의힘이 내란 진영에 머물기는 쉽지 않았을 것입니다.

김현종 노무현 대통령은 지역주의를 어떻게 보면 '악마화'했습니다. 그런 악마와 싸우면서 너무 저돌적으로 임한 것이 국민통합을 이루지 못한 한 원인이 된 것 아닌가요?

민병두 노무현은 2007년 11월 초 측근들에게 이런 말을 했습니다. 임기 말에 그가 남긴 소회입니다.

"정치란 기본적으로 권력투쟁이므로 정치인은 항상 상대를 쓰러뜨려야 하는 직업이다. 그러니 공격하는 나 자신도 공격받지 않을 수 없다. 인간이 견뎌내기에는 어려운 일이라 삶이 황폐해질 수밖에 없다. 그래서 아쉽지만, 발을 빼야 하는 것 아닌가 싶다. 시민들과 더불어 살면서 민주주의가 뭔지 알게 되었다. 그동안 많이 깨쳤고 누구도 할 수 없는 많은 경험을 했다. 정치와 역사에 대해 많은 깨침이 있었는데 시민과 더불어 민주주의가 뭔지, 우리 역사가 어디로 가야 하는지 대화하면서 정치를 논한다면 좋겠다."

정치는 검투사의 세계입니다. 그는 검투사(글래디에이터)가 되는 것이 삶을 황폐화한다며 발을 빼고 싶어 했습니다. 또 다른 글에서는 더 큰 검투사가 되어 돌아오겠다고 했습니다. 혼자 싸우는 것의 한계를 느끼고, 더 많은 사람을 검투사로 만드는 것이 가장 훌륭한 검투사라고 깨달았습니다. 그가 의도한 것은 아니지만 세상을 떠남으로써 수많은 검투사가 만들어졌습니다.

그런데 작은 검투사들이 노무현만큼 대의를 고민하고 있는지는 짚어보아야 할 문제입니다. 대의에 앞서, 정치인 자신 혹은 진영이나 팬덤에 묻혀서 대의를 독점하는 듯한 태도를 보이고 있는 것은 아닌지 반성하고 돌아보아야 합니다.

김현종 지역균형발전이 국민통합이라는 생각은 세종시의 건설로 구체화되었습니다. 노무현이 발제했죠. 절반은 성공한 것으로 볼 수 있지 않나요?

민병두 노무현의 국민통합은 지역균형발전입니다. 그는 충청 지역에 신행정수도를 건설하겠다고 공약했습니다. 그의 꿈은 절반만 이루어졌습니다. 헌법재판소가 대한민국의 수도는 서울이라는 관습헌법이 있다면서 제동을 걸었습니다. 이재명 정부에서 개헌으로 세종시에 대통령실과 국회가 이전을 하게 되면 노무현의 꿈은 완성됩니다. 하지만 개헌과 함께 선거제도의 변경이 이루어질지는 불분명합니다. 역대 정부를 보면 개헌을 대통령이 주도하려고 합니다. 그러면 야당은 반대하기 마련이지요. 개헌의 주도권을 국회에 넘겨야 개헌할 수 있습니다.

노무현은 정권을 넘겨주었습니다. 그의 검찰 개혁은 부메랑이 되어서 돌아왔습니다. 이명박은 취임사에서 "여야를 넘어 대화의 문을 활짝 열어 국회와 협력하고 사법부의 뜻을 존중하겠다"고 했습니다. 검찰의 뜻을 존중한 이명박에 의해 노무현은 세상을 떠났습니다. 김대중, 노무현이 추진해왔던 국민통합은 물거품이 되었고 치유하기 힘든 분열과 증오의 시대가 열렸습니다. 노무현은 대선자금 수사를 하면서 경쟁자였던 이회창은 건드리지 않았습니다. 김대중에 이어 정치 보복을 하지 않는다는 원칙을 세웠습니다. 그런데 이명박이 이 원칙을 무너뜨린 거죠.

3. 박근혜의 국민통합, 경제민주화와 복지 확대

김현종 이명박은 국민통합을 전혀 고민하지 않은 정치인으로 기억됩니다. 이명박이 대통령으로서 크게 실패하자 박근혜가 국민통합을 들고나왔습니다.

민병두 박근혜는 독재자 박정희의 딸이라는 점이 숙명입니다. 박정희 레거시는 정치적 자산이자 짐이 되었습니다. 한쪽에서는 '독재자 박정희'를 보았고, 다른 한쪽에서는 '한강의 기적, 박정희'를 보았습니다. 그의 캠페인 전략은 어두운 면을 최소화하고 긍정적인 면을 최대화하는 것이었습니다.

박근혜는 2012년 9월 새누리당 대통령 후보 시절에 박정희 시대의 잘못에 대해 사과했습니다. 그동안 박정희 시대에 대해 "공도 있고 과도 있기 때문에 역사의 평가에 맡겨야 한다"는 입장이었습니다. 하지만 지지율이 떨어지자 다급해졌어요. 기자회견을 자청합니다.

"자녀가 부모를 평가한다는 것, 공개적으로 과오를 지적한다는 것이 얼마나 어려운지 아실 것"이라며 말문을 열었어요. 5·16과 유신, 인혁당 사건이 "헌법 가치를 훼손하고 대한민국 정치발전을 지연시킨 결과를 가져왔다. 상처와 피해를 입은 분과 가족들에게 다시 한번 진심으로 사과드린다"고 말했습니다.

"국민들께서 저에게 진정 원하는 게 딸인 제가 아버지 무덤에 침 뱉는 것은 아닐 거라고 생각한다"며 말문을 열 때는 눈이 충혈되고 눈물이 고이기도 했습니다. 경제발전을 위한 아버지의 고뇌는 진심이었지만, "정치에서 목적이 수단을 정당화할 수는 없다"고 고개 숙여 사과했습니다.

부모를 잃은 자신의 입장을 거론하면서 "아픔과 고통을 치유하기 위해 저의 모든 노력을 다하겠다"고 강조했습니다. "국민대통합위원회를 설치해 과거사를 비롯한 국민의 아픔과 고통을 치유하도록 노력하겠다. 과거사 문제를 포괄적으로 다룰 기구를 설치하겠다"고 밝혔습니다.

김현종 박근혜의 구호는 거창했습니다. 국민통합도 아니고 국민대통합을 내세웠지요. '100% 대한민국'이라는 구호까지 나왔습니다.

민병두 그는 과거 인권 침해로 고통을 받았고 현재도 그 아픔이 아물지 않은 이들이 당장은 힘들더라도 동참하면 국민대통합에 도움이 된다고 호소했습니다. "국민대통합, 100% 대한민국, 국민행복은 저희 가장 큰 비전"이라며 "100% 대한민국은 1960~70년대 인권침해로 고통을 받았고 현재도 그 아픔이 아물지 않은 분이 동참할 때 가능하다고 본다"고 했어요.

인혁당 피해자들은 마음의 문을 열지 않았습니다. 미국 시사주간지 《타임》 아시아판은 2012년 대선을 앞둔 12월 박근혜를 '독재자의 딸(The Dictator's Daughter)'이라고 표지에 소개했습니다. 《타임》의 애초 커버 사진에는 영문으로 The Strongman's Daughter라고 썼으나 한국에서 실력자와 독재자 해석 논란이 일자 인터넷판 제목을 바꿨습니다.

100% 대한민국은 박근혜가 출마를 하면서부터 시종일관 해온 말입니다. 2012년 7월 10일 대선 출마를 선언하며 박근혜는 야당과 진보 진영이 내세우는 '99%를 위한 정치'도 분열이라고 단정했어요. "야당은 이번 총선을 1%대 99%의 대결로 몰아가고 표를 얻기 위해 노골적으로 갈등과 분열을 조장하나 우리 새누리당은 100% 대한민국을 만들겠다."

김현종 정치적으로 국민대통합을 내세웠지만 실제로 탕평 인사를 하지 못했습니다. 당선 직후 인사를 보면 '친박인명사전'이라는 신조어가 나올 정도로 코드 인사를 해서 엄청 비판을 받았지요.

민병두 박근혜는 당선 기자회견에서 대통합의 시작은 지역균형발전과 차별 인사 철폐라고 강조했어요. 대통령 직속 기회균등위원회를 설치해 성별과 학력, 출신 지역, 사회적 약자에 대한 차별 인사를 없애겠다고 밝혔습니다.

국민대통합위원회도 출범시켰습니다. 박근혜는 동교동계 정치인 한광옥을 위원장으로 임명했습니다. 첫 회의에 직접 참석해서 "국민통합은 새로운 대한민국을 만들기 위한 기본 토양이라고 생각한다"라고 했는데 그뿐이었어요. 박근혜의 100일 인사는 실패했고 불통과 독선의 리더십이 드러났습니다. 유신공주, 얼음공주는 얼음대통령이 되었습니다. 그가 째려보면 주변이 얼어붙었습니다. 아는 사람만 쓰는 수첩 인사라는 비판이 일었습니다. 수첩공주가 수첩대통령이 되었습니다. 학계의 목소리를 듣지 않는 가장 독선적인 정부라는 소리까지 나왔어요. 세월호 참사 때는 아무런 일도 하지 않았습니다. 잠자는 숲속의 공주가 연상되었지요. 국가가 없었습니다.

김현종 세상에 100% 대한민국은 없지요. 있을 수도 없고 가능하지도 않습니다. 구호로만 가능할 뿐입니다. 박근혜는 이를 현실화하기 위해서 경제민주화와 복지를 들고 나왔습니다. 상대방 진영의 주장을 선점했습니다. 당시 야권에서는 뼈아픈 일이었지요.

민병두 경제민주화는 선거판을 흔들었습니다. 당시 민주당 후보였던 문재인이 패배하자 야당은 길을 잃었습니다. 그때 저는 공통 공약의 이행에서 활로를 찾았습니다. 경제민주화와 복지를 박근혜와 문재인 두 후보가 공히 얘기했으니 시대정신이나 다름없다며 공통 공약을 이행하자고 했어요. 패자인 야당이 승자의 공약을 이행하겠다고 나선 것입니다. 박근혜가 좋다고 받았습니다. 이때부터 경제민주화 입법에 속도가 가해졌습니다. 경제민주화 1호 법안인 징벌적 손해배상제 확대(하도급법) 법안, 상장회사 임원 보수 공개에 관한 법률, 가맹사업법, 대리점 사업법, 부당특약을 금지하는 하도급법, 일감몰아주기를 규제하는 공정거래법 등 개정안이 통과되었습니다.

경제민주화는 우선순위가 가장 앞선 공약이었어요. 박근혜 당선자는 2012년 12월 26일, 중소기업중앙회와 소상공인단체연합회를 방문해 "경제가 살려면 중소기업이 잘돼야 한다. 중산층 70% 복원 약속도 중소기업인과 소상공인이 중심이다"라고 선언했어요. 그러다가 2013년 4월, 대기업 일감 몰아주기 규제 법안에 대해 "내 공약 내용이 아닌 것도 포함돼 있는데 무리한 것은 아닌지 걱정된다"면서 속도 조절론을 들고나왔습니다. 그해 7월에는 "경제민주화 주요 법안들이 국회에서 통과돼 거의 끝에 오지 않았나 생각한다. 투자하는 분은 업고 다녀야 한다"고까지 했습니다. 경제민주화 종료 선언을 해버렸습니다.

박근혜는 복지국가를 만들겠다는 꿈도 얘기했습니다. 그러나 시간이 지나면서 대부분의 공약이 흐지부지해졌어요.

2015년 4월 유승민 원내대표는 "증세 없는 복지는 허구임이 입증되고 있다"고 했는데 박근혜는 유승민을 문중에서 내쫓다시피 했습니다. 그렇게 박근혜의 국민통합 약속은 지켜지지 않았습니다.

4. 문재인의 국민통합, '국민 모두의 대통령'

김현종 촛불혁명으로 당선된 문재인 대통령도 초기에는 국민통합에 적극적이었습니다.

민병두 문재인은 2017년 대통령 후보로서 첫 행보를 역대 모든 대통령의 묘역 참배로 잡았습니다. 문재인 후보는 서울 동작구 국립현충원을 찾아 김대중·김영삼 전 대통령 묘역은 물론 이승만·박정희 전 대통령 묘역까지 참배했어요. 이승만 → 박정희 → 김대중 → 김영삼 전 대통령 등 서거 순서대로 참배를 마쳤습니다. 전날 대선 후보 수락 연설에서 가장 많이 언급했던 '국민통합'의 의지를 담은 동선이지요. 2012년 대선 때는 "형식적인 참배는 하지 않겠다"며 이승만·박정희 두 대통령의 묘역은 찾지 않았습니다.

그는 후보 수락 연설에서 "저는 전국에서 고르게 지지받는 지역통합 대통령, 청년·중년층·노년층에서 고르게 지지

받는 세대통합 대통령, 보수·진보를 뛰어넘는 국민통합 대통령이 되겠다"고 선언했습니다. 취임식(2017년 5월 10일)에서도 '국민께 드리는 말씀'을 통해 통합을 강조했습니다. 1호 공약인 적폐 청산과 촛불이라는 단어는 한 번도 입에 올리지 않았습니다.

김현종 야당 당사를 찾아간 최초의 대통령으로 기록되었습니다. 파격적인 행보였습니다. 태도 면에서는 역대 최고의 대통령으로 기억될 것입니다.

민병두 "우리 국민은 좌절하지 않고 오히려 이를 전화위복의 계기로 승화시켜 마침내 오늘 새로운 세상을 열었습니다. 분열과 갈등의 정치도 바꾸겠습니다. 보수와 진보의 갈등, 끝내야 합니다. 대통령이 나서서 직접 대화하겠습니다. 야당은 국정운영의 동반자입니다. 대화를 정례화하고 수시로 만나겠습니다."

문재인은 취임식이 끝나자 약속한 대로 야당 당사를 방문했어요. 대선 경쟁 당시 '적폐' 발언으로 날을 세웠던 자유한국당 당사를 찾아서는 '동반자'라는 표현을 썼습니다. 적폐 청산의 대상이냐, 국정의 동반자냐 하는 규정은 굉장히 중요한 문제입니다. 야당을 국정운영의 동반자로 생각하는 시간과 야당을 적폐 집단으로 보는 시간이 상당 기간 겹쳤습니다.

김현종 박근혜와 이명박이 동시에 교도소로 간 것이 보수 세력에게는 절치부심을 하는 계기가 되었을 수도 있을 것 같습니다.

민병두 박근혜가 정치 보복을 당했다고 하는 것은 부적절하지요. "법치의 이름을 빌린 정치 보복은 저에게서 마침표가 찍어졌으면 한다"(2017년 10월 16일, 법원의 구속기간 연장 결정에 대한 박근혜의 발언)고 했는데 스스로 자초한 일이지요. 그의 발언은 국민의 인식과는 동떨어진 것이었습니다.

적폐 청산은 계속되었습니다. 2017년 11월 6일 국정원 댓글 사건 수사 방해 혐의로 구속영장이 청구된 변 아무개 검사가 스스로 목숨을 끊었습니다. 이 일은 검찰 내부에서 적폐 청산 출구 전략을 논의하는 계기가 되었어요. 당시 문무일 검찰총장은 적폐 청산 수사를 연내에 마무리하겠다는 입장을 밝혔습니다. 그러자 적폐 사건 수사팀장 윤석열이 반발했습니다. 청와대도 연내에 마무리하는 것은 불가능하다고 했습니다.

그때 마침 이명박이 연루된 다스 비자금 수사가 검찰에서 막 시작되고 있었습니다. 이명박은 얼마 안 있어 퇴임 후 6년 만에 포토라인에 서게 됩니다.

검찰은 횡령과 뇌물 혐의로 이명박 구속 영장을 청구했고 2018년 3월 22일 법원은 영장을 발부했습니다. "친노·친문 진영의 숙원이 해결된 순간이었다. 청와대는 스스로에게 '가을 서리처럼 엄격하겠다는 다짐을 깊이 새긴다'라며 짐짓 표정 관리를 했다." 한겨레 법조기자 이춘재는 《검찰국가의 탄생》이라는 책에서 이 순간을 이렇게 기록했습니다.

김현종 적폐 청산은 박근혜가 세월호 사건에서 빠져나오기 위한 프레임으로 처음 사용했습니다. 그런데 어느새 문재인의 정치적 프레임이 되었어요.

민병두 문재인은 취임식에서 적폐 청산이라는 단어를 한 번도 사용하지 않았지만 적폐 청산은 임기 내내 이뤄져야 한다는 입장이었습니다. 촛불혁명 측면에서 볼 때 적폐 청산은 정의이고, 정의이기 때문에 국민통합으로 보였을 겁니다. 그러나 현실 정치에서는 그렇지 않아요. 그가 야당을 방문해서 동반자라고 한 것은 현실 인식입니다. 그런데 적폐 청산을 언제까지 하고, 어떤 목표를 세우고, 야당과는 어떤 관계를 수립하겠다는 전략이 분명하지 않았습니다. 적폐 청산과 동반자 관계는 방향이 다릅니다. 어느 시점이 되니 적폐 청산으로 인한 적대감이 문재인에게 쌓였고, 그로 인한 호응은 윤석열에게 향했습니다.

집권 2년 차가 되던 시기에 문재인은 사회원로를 초청해서 간담회를 가졌습니다. "정치라는 것이 참으로 어렵다는 것을 다시금 절감하고 있다. 가장 힘들게 생각되는 것은 정치권이 정파에 따라서 대립이나 갈등이 격렬하고 또 그에 따라서 지지하는 국민 사이에서도 갈수록 적대감이 높아지는 현상들이 가장 걱정스럽다.… 과거 어느 정부보다는 야당 대표들, 원내 대표들을 자주 만났지만 야당의 비협조로 협치가 이뤄지지 않고 있다"며 개탄했습니다. 반대로 야당은 자신들을 적폐 집단으로 몰아놓고 무슨 협치냐는 입장이었습니다.

김현종 기회는 평등할 것이고, 과정은 공정하며, 결과는 정의로운 세상이 되었으면 정말 국민통합이 되었을 것입니다.

민병두 문재인은 취임식에서 "지금 제 머리는 통합과 공존의 새로운 세상을 열어갈 청사진으로 가득 차 있다, 역사와 국민 앞에 두렵지만 겸허한 마음으로 대한민국 제19대 대통령으로서 책임과 소명을 다할 것임을 천명한다"고 말했습니다. 그 청사진이 소득주도성장, 혁신성장, 그리고 공정경제였습니다. 성장은 혁신으로, 사회적 최저한은 소득주도로, 그리고 이를 연결하는 것이 공정경제였습니다. 문재인은 "기회는 평등할 것이고, 과정은 공정하며, 결과는 정의로

울 것"이라고 말했는데 반응이 아주 좋았습니다. 문재인은 "사람이 먼저다"라고 했습니다. 그대로만 되면 국민통합이 될 수 있었지만 현실은 간단치 않았습니다.

문재인은 '새로운 시대로 가는 문'을 열겠다고 했어요. 많은 약속을 했지만 새로운 시대의 문은 좀처럼 열리지 않았습니다. 소득주도성장은 난도질을 당했어요. 자영업자들이 먼저 반발했지요. 부동산 가격 폭등은 양극화를 심화시켰습니다. 윤석열과 갈등하면서 국민을 상대로 사과를 하는 일도 잦아졌습니다.

5. 윤석열의 국민통합, 말로만 5·18 정신

김현종 윤석열 정부는 '이명박 정부 시즌 2'라고 할 정도로 국민통합에 무관심했습니다. 뉴라이트 인사를 대거 등용하면서 분열의 시대를 열었습니다.

민병두 윤석열에 대해서는 길게 얘기하지 않겠습니다. 그는 5·18 정신을 헌법 전문에 넣겠다고 했습니다. 2022년 대통령에 당선된 후 5·18 광주민주화운동 기념식에 참석했습니다. 보수정당 대통령으로서는 처음으로 민주묘역 정문인 민주의 문을 통해 입장했습니다. 한동훈 법무부 장관 등 새로 꾸린 내각과 대통령실 비서진이 대통령 특별열차를 타고 광주로 내려왔습니다. 박근혜가 한사코 제창을 거부했던 〈임을 위한 행진곡〉도 따라 불렀어요. 이 역시 보수정당 대통령으로서는 처음 있는 일이었지요. 국민의힘도 처음으로 당 차원에서 대부분의 국회의원들이 참여했습니다.

그리고 6월 1일 치러진 제8회 전국 동시지방선거에서 전국적으로 승리한 것은 물론이고 호남에서도 상당히 의미 있는 득표율을 기록했습니다. 광주시장 선거에서 주기환 후보는 15.90%, 전남도지사 선거에서 이정현 후보는 18.81%, 전북도지사 선거에서 조배숙 후보는 17.88%를 얻었습니다. 15% 이상을 득표하면 선거비 전액을 국고에서 돌려받게 됩니다. 1987년 민주화 이후 호남에서 이같이 높은 득표율을 올린 것은 보수정당 역사상 처음 있는 일입니다. 박근혜가 2012년 대통령 선거에서 광주 9.83%, 전남 10.0%, 전북 13.22%를 얻어 10%를 돌파한 기록을 깼습니다. 뿐만 아니라 20대 대선에서 윤석열의 광주 12.72%, 전남 11.44%, 전북 14.42% 득표 기록도 가볍게 넘겼습니다.

국민통합의 관점에서 5·18을 대한 것이 아니라 서진 정책의 일환이었던 것이지요. 그마저도 식언을 했어요. 취임사에서 통합이라는 단어를 한 번도 사용하지 않았습니다. 민주화 이후 처음 있는 일입니다. 그는 통합 대신에 반지성주의와의 싸움을 얘기했습니다. 결국 조국, 추미애와 맞선

1차 쿠데타에 이어 군을 동원한 2차 쿠데타로 나라를 극심한 분열로 몰아넣었습니다.

6. 이재명의 국민통합은 가능한가?

김현종 역대 대통령의 국민통합을 보면서 교훈을 얻을 수 있습니다. 이 시점에서 정리를 하고 넘어갈 필요성을 느낍니다. 국민통합은 왜 필요하고, 통합을 해서 얻는 이득은 무엇인가. 반대로 분열이 되었을 때 나타나는 손실은 무엇인가요?

민병두 먼저 연세대 김호기 교수의 말을 인용해보려 합니다. "현대사회에서 통합에 대한 고전적인 정치적 견해를 선보인 이는 영국 총리 벤저민 디즈레일리다. 정치가이자 소설가였던 디즈레일리는 1845년 발표한 《시빌 또는 두 국민》이란 소설에서 영국의 '두 국민(two nations)', 즉 부자와 빈자를 '한 국민(one nation)'으로 통합해야 함을 역설했다. 디즈레일리는 토리당(현 보수당) 출신의 제국주의자이자 보수주의자였다. 그가 통합을 내세웠던 것은 19세기의 만연한 불평등을 그대로 놓아둘 수 없었기 때문이었다. 더하여, 당시 보수가 변화와 변혁을 앞세운 진보에 맞서기 위해서라도 기득권 옹호를 넘어선 통합이라는 새로운 가치가 요구됐다. 이처럼 서구사회에서 통합은 진보라기보다 보수의 가치였다."

그때는 유럽에서 공산당이 자본주의 모순을 격렬하게 비판할 때였습니다. 마르크스와 엥겔스는 1848년 《공산당 선언》에서 "하나의 유령이 유럽을 배회하고 있다. 공산주의라는 유령이. 옛 유럽의 모든 세력이, 교황과 차르, 메테르니히와 기조, 프랑스의 급진파와 독일의 비밀경찰이, 이 유령을 사냥하려고 신성 동맹을 맺었다"고 했습니다. 이런 급진 세력을 포섭하려고 한 것이 통합이고, 국민연금과 같은 사회안전망이었습니다.

우리나라에서 분열로 인한 폐해는 1945년 찬탁과 반탁에서 시작되었습니다. 나라가 이념으로 두 동강이 났습니다. 한국전쟁이 발발하면서 국토가 영구 분단이 되었습니다. 그 폐해가 80년을 이어져 오고 있습니다. 그때 형성된 한국의 보수 우익 주류가 지금까지 기득권 카르텔을 형성해 오고 있습니다.

두 번째 분열은 1990년 3당 합당입니다. 1987년 대통령 선거에서 양김의 분열로 드러난 지역주의가 3당 합당으로 고착화되었습니다. 그로 인한 분열이 지금껏 나라를 갈라놓고 있습니다. 이념의 분열과 지역의 분열이라는 역사적 사건이 윤석열 파면으로 인한 조기 대선에서도 보수의 회복력으로 이어졌습니다.

  국민통합이 나라를 살린 경험도 있습니다. 외환위기 때 국민이 나서서 금 모으기 대열에 동참했습니다. 세계사적으로 유례가 없는 일입니다. 국가 부도에 대부분의 중산층과 서민들은 아무런 책임이 없습니다. 그 책임은 정부와 관료, 금융과 재벌들에게 있었습니다. 그런데 고통을 분담하자는 호소에 너나없이 동참했습니다. 구조조정으로 일자리를 잃으면서도 나라가 살아야 내가 다시 살 수 있다는 희망으로 나섰습니다. 서로를 악마화하기에 바쁘지 않았습니다. 당시 중산층과 서민을 대변하는 김대중이 대통령이었기에 가능한 일이었다고 봅니다. 만약 기득권 쪽에서 대통령이 나왔다면 통합은 이루어지지 않았을 것입니다.

김현종 이재명 대통령은 국민통합을 어떻게 정의했나요?

민병두 그는 "민주주의 복원이 국민통합의 길이고, 성장 회복과 격차 완화가 국민통합의 길"이라고 명확하게 정의했습니다. 그는 "불평등과 절망, 갈등과 대결로 얼룩진 구시대의 문을 닫고 국민대통합으로 희망과 사랑이 넘치는 국민행복 시대를 열겠다"고 피력했습니다. 정치적으로는 민주주의를 복원하는 것이고, 사회경제적으로는 성장 회복과 격차 완화라는 것입니다. 여기서 그의 국정운영 방향을 읽을 수 있습니다.

김현종 우선 민주주의 회복에 대해서 살펴보지요.

민병두 이재명은 더불어민주당 대선 경선 토론회에서 민주주의 회복을 위해서는 책임을 묻는 것이 가장 중요하다고 했습니다. 그는 "대전제는 철저한 진상규명"이라며 "정부 안에는 여전히 내란 세력이 그 정체를 숨기고 권력을 행사하고 있고 국무총리(한덕수)는 헌법재판소 구성을 막으면서까지 내란 세력을 비호했다"고 지적했습니다. 이어 "철저한 진상규명, 그 진상에 따른 철저한 책임, 그리고 국민의 뜻이 존중되는 확실한 예방 대책으로서의 법률 개정이 필요하다"고 강조했어요.

이재명은 윤석열 파면 촉구 범국민대회에서는 "진정한 보수의 가치를 회복하고, 진보·보수가 합리적으로 경쟁하는 정상 사회로 나아가야 한다"며 "보수의 탈을 쓴 채 헌법과 법치를 파괴하는 이들을 넘어서 민주주의를 회복해야 한다"고 강조했습니다. 헌정 질서를 파괴한 이들의 책임을 철저히 묻는 것이 민주주의 회복을 위한 출발이라고 보았습니다. 그러면서 정치 보복도 근절하겠다고 공약으로 내세웠습니다.

김현종 진상을 규명하면서 정치 보복도 하지 않겠다는 것이 어떻게 가능한가요?

민병두 역대 정부에서 교훈을 찾을 필요가 있습니다. 정치 보복하지 않는 것이 국민통합이라는 김대중은 박정희를 용서했고 전두환, 노태우를 사면했습니다. 노무현은 불법선거자금 수사를 하면서 경쟁자였던 이회창까지는 건드리지 않았습니다. 대선 상대 후보였던 이재명을 탈탈 턴 윤석열과 비교가 됩니다. 이재명은 보복할 대상이 사실상 없어졌습니다. 윤석열은 이미 파면이 되었고 사법 처리를 앞두고 있습니다. 남은 것은 정부와 군, 검찰, 경찰 그리고 사법부에 있는 내란 동조 세력뿐입니다. 그들을 도려내고 검찰 개혁 등 제도 개선을 하면 됩니다.

문재인은 적폐 청산의 대상과 기간에 대한 정확한 전략이 없어 보였습니다. 문재인은 적폐 청산과 국민통합 사이에서 왔다 갔다 했어요. 적폐 청산을 오래 끌다 보니 검찰의 힘을 키워주었습니다. 마찬가지로 이재명도 내란 종식이라는 유혹에 너무 깊이 빠질 수 있습니다. 사회 곳곳에 있는 내란 기득권 세력을 정리해야 한다고 생각할 수 있죠. 민주당 내에도 끝까지 청산하겠다는, 소위 비수를 꽂으려는 생각이 있는 사람이 많이 있잖아요. 지지자들도 그렇고요. 이걸 법과 제도로만 해서 어느 정도 수준에서 끝낼지에 대한 자기 철학이 있어야 합니다.

  이재명 시대에 윤석열을 처단한다고 해서 국민통합에 저해된다고 말할 사람은 없습니다. 내란에 가담한 핵심 세력들을 핀셋으로 얼마나 축출하냐의 문제일 뿐입니다. 김건희는 사법 심판을 피하지 못할 것입니다. 원체 비중이 크고 파헤쳐야 할 진상이 많습니다. 한덕수 등 나머지 내란 동조 세력에 대한 조사와 처벌은 빠를수록 좋습니다. 국민의힘 내부에 내란에 동조한 세력 중에 일부는 단죄해야 할 것입니다. 전광훈 목사 등도 심판대에 세워야 합니다. 극우 유튜버들도 일부는 처벌받아야 합니다. 진상이 모두 파악된 후에는 미래를 향한 선언을 하고 재발 방지를 위한 제도 개혁도 마무리해야 합니다.

김현종 이재명이 진보, 보수가 합리적으로 경쟁하는 것도 민주주의 회복이라고 했는데요. 정계 개편을 염두에 둔 것인가요? 내란 세력에 포획된 국민의힘의 변화는 어떻게 가능한가요?

민병두 쉽지 않은 문제입니다. 국민의힘이 내란 동조 정당이 되었습니다. 일각에서는 국민의힘 정당해산심판을 진행해야 한다는 목소리를 내고 있습니다. 이 경우는 정부가, 법무부 장관이 나서야 합니다. 국민의힘이 계엄 정국에서 한 행위들을 보면 내란 동조 행위가 차고도 넘칩니다. 윤석열 탄핵 반대를 당론으로 정한 것, 한남동에서 공수처의 윤석열 체포영장 집행에 항의한 행위 등 국민적 공분을 산 일이 하나둘이 아닙니다. 정당 해산이 되려면 구체적인 모의가 있어야 하는데 현재까지 드러난 것만으로는 그 정도에 이른 것으로 보이지는 않습니다. 국민의힘이 해산되어 새로운 보수정당이 대안으로 출현할 수 있다는 막연한 기대를 하고 이 일을 추진하다가는 역풍을 맞을 수 있습니다.

김현종 이재명이 연립정부를 국민통합의 수단으로 생각할까요? 야권 인사를 내각에 포함시키는 것은 어떻게 생각하나요?

민병두 그렇게 해서 국민통합이 되면 추진해도 됩니다. 노무현, 문재인 정부 때 그런 시도를 해본 적 있었는데 성과를 내지 못했습니다. 거론되는 인사들이 배신자 취급을 받게 되고, 상대 당에서 동의해주지도 않습니다. 그리고 대통령제에서는 자율권이 없어서 입각을 해도 자기 목소리를 낼 수도 없습니다. 결국 파열음만 나게 되지요.

거국내각 연립정부가 되려면 내각제가 아니고서는 불가능한 일입니다. 사람 몇 명을 구색 맞추듯이 포함시킨다고 해서 국민통합이 되지는 않습니다. 예를 들어 홍준표 같은 사람을 국무총리로 임명한다고 해보죠. 그러면 국민통합이 될까요? 홍준표가 보수 세력의 뿌리나 큰 줄기라고 한다면 그 세력이 같이 딸려 올 수는 있겠죠. 하지만 나 홀로 정치하는 사람인데 무슨 효과가 있을까요. 김영삼이나 김종필 정도 되는 인물이어야 효과가 있을 텐데, 지금은 그런 거목들의 시대가 아닙니다.

김현종 민주주의 회복은 국민이 주권을 갖고 있다는 것을 분명히 하겠다는 선언으로 들렸습니다.

민병두 이재명은 이순신호국루트에서 대선 유세를 하며 다음 정부의 명칭을 제시했습니다. 계엄 정국에서 빛의 혁명으로 일어선 국민이 이 나라의 주인이라는 선언이었습니다.
 "최초의 민주정부는 (김대중 대통령의) 국민의 정부입니다. 다음은 참여정부라고 불렸습니다. 그리고 (앞서) 민주주의를 위해서 싸우다가 3당 합당으로 살짝 기대와 다르게 갔던 김영삼 대통령은 문민정부라고 지었죠. 다음 정부의 이름은 어떻게 지을까를 많은 사람이 고민하고 계세요. 그 정부의 상징은 저는 국민주권이라고 생각합니다. 국민주권정부라고 부르겠습니다."

김현종 그것을 어떻게 제도화하겠다는 것인가요?

민병두 내란 극복과 민주주의 회복을 기치로 내세운 공약에서 개헌과 계엄권 통제, 검찰 수사권 조정, 사법 개혁 완수, 국가인권위 정상화 등 권력기관에 대한 민주적 통제를 중심 과제로 내세웠습니다.

이제 개헌을 하는 것은 시대적 요구가 되었습니다. 바로 다음 해인 2026년에 지방선거가 있습니다. 이때까지 개헌을 마무리하는 것이 좋습니다. 대통령에게는 두 가지 유혹이 있을 겁니다. 하나는 시기 조정입니다. 2028년 총선으로 개헌 시기를 늦추고 싶을 것입니다. 과거에는 개헌 논의가 모든 것을 빨아들이는 블랙홀이었지만 지금은 그렇지 않은 시대입니다. 2028년으로 가면 또 시기를 놓칩니다.

다음은 개헌의 주체입니다. 대통령 입장에서는 자신의 개헌안을 내놓고 싶겠지만 그것은 여의도와 국민에게 맡겨야 합니다. 그것이 국민주권입니다. 대통령은 경제에 집중해야 합니다. 우리의 거버넌스를 고쳐서 제7공화정을 여는 것만으로도 큰 업적을 남기는 것이 됩니다. 국회가 개헌을 주도해도 그 물길을 열어준 것은 대통령의 공입니다.

1987년 이후 정착된 승자독식 체제를 수정하는 개헌이어야 합니다. 다당제 연합 정치 활성화를 위한 제도적 기반을 구축할 필요가 있습니다. 내각제 개헌이 답이라고 생각합니다. 내각제와 다당제가 이념 갈등과 지역 갈등을 해소하고 국민통합을 하게 한다는 보장은 없습니다. 심지어 완전한 지역 정당이나 극우 정당의 출현 가능성도 배제할 수 없습니다. 하지만 협치가 제도적으로 강제된다는 장점이 있습니다. 그리고 항시적인 여대야소가 장점입니다. 국정의 효율성을 기할 수 있겠지요. 탄핵과 같은 국정 단절도 없습니다. 소선거구제와 권역별 비례대표제의 혼합, 국회의원 정수 증원을 통한 비례대표 의석 비율 대폭 확대 등 논의해야 할 것이 많습니다.

김현종 경제적으로는 성장 회복과 격차 완화를 국민통합이라고 얘기했습니다. 실현 방안이 있나요?

민병두 양극화의 그늘에서, 소외의 뒤켠에서 극우 파시즘과 음모론이 성장합니다. 그것을 생산해서 이득을 보는 집단이 있습니다. 그것을 소비하면서 존재 가치를 느끼는 집단이 있습니다. 결국 양극화를 해소하고 중산층을 튼튼하게 해야 합니다.

작은 타협이 가능한 사회, 빅딜을 한번 만들어보는 시도를 이재명이 하면 좋겠다는 생각이에요. 물론 그걸 대통령이 직접 나서서 전부 하겠다고 하면 대화에 매몰돼서 일이 안 될지도 몰라요. 그래서 대타협이나 소타협을 할 수 있는 책임 기구를 활성화하고 적절한 인재를 만들 필요가 있다고 생각하는 거죠.

김현종 결론적으로 어떻게 하면 될까요. 그렇게 하면 두 개의 나라, 두 개의 국민 문제가 해결될까요?

민병두 지금 국민통합은 어느 나라에서나, 어느 정부에서나 중요한 과제가 되었습니다. 좌파 정부든 우파 정부든 사회 갈등을 최소화하고, 정부 정책에 대한 신뢰를 형성하는 것이 성장 회복과 격차 완화에 대해 도움이 된다는 것을 알고 있습니다. 한국은 선진국 중에 사회 갈등 지수가 가장 높은 나라입니다. 지금 우리는 하나의 나라, 하나의 국민으로 살고 있지 않습니다. 태극기와 응원봉으로 나뉘어 있습니다. 서로 통역이 필요할 정도로 생각이 다릅니다. 통역이라도 두고서 대화하려고 하지 않습니다.

정치의 기본은 "반대 세력(적)을 최소화하고 지지 세력(우리)을 최대화"하는 것입니다. 우리의 현실은 그렇지 않습니다. 대개는 "반대 세력(적)을 파괴하고, 지지 세력(우리)을 최대화"하려고 합니다. 유튜브와 팬덤으로 인해 더욱 그렇게 되는 경향이 있습니다. 하지만 이재명이 말한 대로 완전히 새로운 나라, 대전환을 하려면 세력 연합이 필요합니다. 크고 작은 타협이 있어야 합니다. 정치의 기본으로 돌아가야 합니다.

3장

사회 서비스 산업화론:
내수 경제 중심의
지속 가능한 성장 전략

이원재 × 김현종 대담

1. 1987년 체제의 사회경제적 함의

김현종 우리 현대사는 한마디로 다사다난했다고 정리할 수 있지만, 그래도 결정적인 시기를 꼽아보자면 몇 가지가 생각납니다. 1945년부터 시작해서 1948년, 1961년, 1987년, 1997년까지 따로 설명하지 않아도 다 이해가 되는 연도들이 있는데, 이에 대해서 중요도나 의미에 순서를 매긴다면 어떻게 보시는지요?

이원재 2025년 시점에서 우리한테 제일 중요한 변곡점은 1987년이었다는 사실이 드러났다고 봅니다. 2012년 제가 우리 경제에 깊은 관심을 두고 《이상한 나라의 경제학》이 란 책을 썼을 때까지만 해도 1997년, 또는 1990년대부터 시작되어 1998년에 완성된 신자유주의적 질서로의 전환이 가장 중요하다고 생각했어요. IMF 구제금융 이후 우리 경제

체제가 시장만능주의로 급격하게 바뀌었고 그 변화가 우리 삶을 가장 강력하게 규정하고 있다고 봤기 때문이었지요. 하지만 지금 와서 생각해보니 1987년이 가장 중요한 시점이었던 것 같습니다.

지금 우리는 설명을 쉽게 하려고 1987년을 '민주화의 해'라고 말하지만, 사실 1987년은 민주화가 완성된 해가 아니라 민주화가 시작된 해였던 거죠. 형식적 민주주의가 시작된 1987년부터 현재까지 완성이 안 된 채로 계속 왔고, '민주주의의 과도기'라고 부를 수도 있는 그 체제 아래서 다양한 사회경제적 질서의 변화가 있었다는 생각입니다. 사실 세계사에서 유례를 찾기 어려울 만큼 점진적이고 탄력적으로 이루어졌습니다.

김현종 그러니까 2012년에 《이상한 나라의 경제학》을 쓸 때만 해도 우리나라의 사회경제체제에 주안점을 두어서 세상을 봤는데, 그 뒤로 한 13년 정도 쭉 돌이켜 보니 민주화와 정치체제, 나아가 국가체제의 중요성을 더 많이 느끼게 됐고, 그런 관점에서 1987년이 중요하다는 말씀이시군요.

이원재 네, 맞습니다. 그런데 '점진적'이라는 표현이 중요합니다. 1987년에 만들어져 지금까지 이어져 온 정치체제에 어떤 사회경제체제를 담을 것인지는 완전히 확정되어 있지는 않았다고 보는 게 맞습니다. 1987년 이전 한국 경제는 서구식 시장경제라기보다는 관치주의 경제에 가까웠습니다. 1980년대에도 김재익 전 청와대 경제수석이나 김종인 박사처럼 시장경제로 가야 한다고 주장하는 관료 엘리트들이 있었지만 그게 주류였다고 보기는 어렵습니다.

시장경제는 1987년 체제 수립과 함께 가속화됩니다. 김영삼의 금융실명제와 세계화 같은 정책 방향이 그랬지요. 하지만 1980년대의 관료 엘리트들은 1997년의 극적인 변화까지는 생각하지 못했을 것 같습니다. IMF 구제금융이 들어오고 재벌도 해체되고 은행들도 합병되고 나라 전체가 한바탕 뒤집어졌는데, 지금 보니까 그 상황도 1987년 체제의 탄력성이 시험대에 오른 거라고 할 수 있어요.

1987년 체제가 예정해놓은 질서가 있었고 그 질서를 만들어가는 세력이 있었는데, 적어도 1997년 이전까지는 굉장히 점진적인 시장 자유화와 세계화의 수순을 밟고 있었죠. 그런데 1997년에는 아주 급진적인 변화를 맞았고, 그 뒤로는 정권에 따라 약간의 차이는 있었어도 그 속도는 이전보다 매우 빠른 편이었습니다. 그러면서 그 기간 동안의 사회경제체제는 주로 엘리트층이 정리해가는 과정이었습니다.

김현종 변화의 주체와 속도에 관해서 말씀하시는 것 같은데요. 그렇다면 어떤 사람들이 어떤 정리를 했다고 보시나요?

이원재 1980년대의 관료 엘리트들과 1987년 민주화 세력 중 상당수가 손을 잡고 왔다고 봐야 할 것 같습니다. 민정당과 손을 잡았던 김영삼 정부나 야당으로 출발해 정권을 획득한 김대중 정부나 모두 1997년의 시장만능주의 체제를 받아들였으니까요. 복지에 방점을 두느냐 아니냐의 차이가 어느 정도 있기는 하지만요.

이전의 박정희 시대는 관치경제로 불렸는데, 요즘 용어로 말하자면 국가가 주도해서 투자하고 국가가 리스크를 감당하는 방식의 '슘페터리언 국가'였다고 볼 수 있겠습니다. 사실 당시만 해도 수출 주도의 제조업과 중화학공업을 육성하는 전략은 성공을 장담할 수 없는 굉장한 도박이었죠. 게다가 그것을 기업이 아니라 국가가 국운을 걸다시피 하며 다 걸고 밀어붙였습니다.

그런데 1997년 이후 신자유주의가 들어옵니다. 보수든 진보든 경제 전문가들은 대부분 관치를 비판하고 시장을 옹호하게 됩니다. 그렇게 국가가 모든 위험을 감수하는 방식은 끝나고, 점차 민간 기업으로 그 위험을 이양하는 형태로 변합니다. 이 부분에서 우리나라가 약간 특이했던 점은, 결과적으로 은행을 비롯한 금융권에서도 위험을 감당하려하지 않게 됐다는 부분입니다.

김현종 금융은 관료의 자녀였으니까요. 경제 관료들이 먹이고 입히고 재우는 존재였죠. 지금도 비슷합니다.

이원재 예. 그런 구조 속에 오로지 기업이 위험을 다 떠안는 쪽으로 가버렸다는 겁니다. 이는 나중에 벤처 산업 쪽과도 맥락이 연결되는 사건이고요.

김현종 맞습니다. 당시에는 국가 전체적으로 살기 위해서는 어쩔 수 없는 선택이었죠. 여차하면 그냥 죽을 수도 있었으니까요. 그래서 1997년 이후에 우리나라 기업들의 부채 비율이 뚝 떨어지죠.

이원재 그렇죠. 1997년 이후 우리 경제체제는 슘페터리즘에서 신자유주의의 대표적 이데올로기로 불리는 레이거노믹스, 대처리즘(미국 레이건 대통령, 영국 대처 총리가 촉진했던 민간 주도, 시장만능주의적 신자유주의 경제 질서) 등과 같은 쪽으로 급격하게 넘어갔습니다. 그 이유는 1987년 체제에서 이 나라를 지배하고 있던 초엘리트 계층이 그 상황을 자신들이 견딜 수 있는 자장 안에 있다고 판단했고, 동시에 민주화 운동 세력도 이를 어느 정도 범위 내에서 받아들일 수 있는 것이라고 용인했기 때문이라고 봐야 합니다.

즉 일부 군부 세력만 제거한 뒤, 기존의 관료 등 사회 엘리트들과 민주화 운동 세력이 손을 잡고 점진적으로 민주화를 해가자는 1987년 체제의 약속이 용인한 변화였다는 거죠. 예를 들어 IMF와 유사한 상황이 박정희 시대에 벌어졌다고 가정해봅시다. 당시는 군부 엘리트들이 지배 계층이었잖아요. 그들이 자유화된 글로벌 시장 경쟁 시대에도 엘리트 지위를 유지할 수 있다고 생각했다면 그 상황을 받아들였겠지만, 그렇게 생각하지 않았다면 남미 일부 국가가 그랬던 것처럼 안 받아들였을 수도 있어요. 만약 그런 식으로 진행됐다면 우리나라는 글로벌 경제 환경에서 심하게 비틀거렸을 수도 있었고, 그랬으면 현재는 굉장히 다른 나라가 됐을 수도 있었습니다.

김현종 지금 하신 말씀을 좀 정리하자면, 1987년부터 1997년까지 10년 동안 그나마 민주화가 어느 정도 진행된 덕분에 우리나라가 세계경제로의 본격적인 편입이 가능했다고 보신다는 건가요?

이원재 그렇게 말할 수도 있겠습니다. 하지만 제가 앞서 1987년이 민주화의 시작이었다고 말씀드렸던 이유는 그해에 벌어졌던 시민혁명이 굉장히 특이한 혁명이었다고 보기 때문입니다. 성공적인 혁명이라고 평가하기도 하지만, 기존 지배층이었던 엘리트 군부를 그대로 받아들였고 심지어 노태우 대통령의 당선까지도 용인한 셈이니까요. '호헌 철폐

독재 타도'를 외치면서 대통령 직선제를 쟁취했지만, 이후 다른 후속적인 교체가 없었어요.

군부 엘리트도 그냥 뒀고 사법부도 그대로 뒀습니다. 심지어 수사기관들도 고문 행위를 일삼았던 사람 몇 명만 처벌했을 뿐, 나머지 기관에서 일하던 엘리트들은 대부분 다 그대로 있었단 말이죠. 여기에 전두환 시대에 들어 중용된 미국 유학파 중심의 경제학자들을 포함한 소위 '전문가 그룹'도 전부 그대로 살아남았습니다.

결과적으로 1987년에 벌어진 혁명은 엘리트 계층 혹은 지배 계층의 교체와는 연결되지 않았습니다. 어떻게 보면 대통령만 바꾸고 그 주변의 엘리트들은 그대로 있는 상태에 소위 '민주화 엘리트'가 가세한 모양새가 됐어요. 함께 통치하는 형태가 됐죠. 물론 처음에는 민주화 엘리트의 세가 약했지만, 당시의 정치체제가 그대로 유지만 된다면 이 민주화 엘리트들이 지배 계층이 되는 일은 예정된 수순이었을 것 같아요.

어차피 다음 세대인 당시 386세대(지금의 86세대)가 시간이 지날수록 체제 장악력이 커질 수밖에 없으니까요. 하지만 그때는 386세대의 힘이 너무 약했기 때문에 그 시점에서는 적절한 선에서 타협할 수 있었던 것 같고요. 2025년에 일어난 계엄도 결국 그 체제 변화를 통해 민주화에 앞장선 86세대가 주도하는 세상을 지난 기득권이 견디지 못하는 상황이 와서 발생한 결과라고 봅니다.

마지막으로 한마디만 덧붙이자면 1987년부터 1997년까지 10년간의 민주화가 시장경제를 어떻게 견딜 수 있었느냐에 관해서는 민주주의 제도의 변화 덕분이라기보다는 새롭게 구성된 지배 계층이 공히 받아들일 수 있는 수준이라고 생각했기 때문이라고 봅니다. 기존 관료 엘리트들도, 당시 386세대도 모두 이러한 시장경제가 우리에게 나쁘지 않다고 본 거죠.

김현종 민주주의와 세계화, 신자유주의 등이 충분히 같이 어울릴 수 있다고 생각했고, 1987년부터 1997년까지 10년간 어느 정도 준비가 됐다는 말씀이네요. 그리고 1997년 이후에는 그러한 새로운 흐름을 받아들이는 과정이 계속됐고요.

이원재 네, 그렇습니다. 다만 엘리트 계층과 지배 계층만이 이를 어느 정도 예측하고 있었고, 시민들이 미리 함께 준비했던 것은 아니었기 때문에 경제 환경의 변화가 시민들한테는 굉장히 폭력적으로 닥쳐왔다는 말씀을 드리고 싶습니다. 국가와 체제에 복종하면 국가가 보호해주고 자원을 배분해주는 경제 시스템에서, 시장에서 스스로를 입증하지 않으면 생존할 수 없는 경제 시스템으로 느닷없이 바뀐 거죠.

2. 한국에서의 계층 기반 보수 정치의 부상 가능성

김현종 흔히 서구에서 볼 수 있는 계층 기반 강경 보수 정치가 한국에서도 부상할 가능성에 대해서 이야기해봅시다. 요즘에 이렇게 이야기를 하는 사람들이 있습니다. '문재인 대통령의 업적 중 하나가 아스팔트 우파를 출현시킨 점'이라고요. 어쨌든 우리나라에서도 서구형의, 그러니까 유럽의 극우 정당 같은 그런 계층 기반 강경 보수 세력의 등장 가능성이 있다고 보시는지요?

이원재 일단 지난 계엄 사태 때는 사회경제적 기반이 불안정한 계층이 극우 정치에 결합하지 않았다고 봅니다. 지금 우리 사회에 그런 상황에 놓인 사람이 사실 많기는 한데, 저임금 노동자나 플랫폼 노동자, 지방대 학생 등과 같이 서구식으로라면 보수 경향을 짙게 나타낼 가능성이 있는 집단이 아직은 결집하지 않은 거죠. 만약 계엄 사태가 그런 계층의 결집을 시도한 것이었다면, 시기적으로 너무 이르지 않았나 봅니다.

물론 지금 강경 우파가 태동할 수 있는 기반은 우리나라에 꽤 존재합니다. 강경 우파는 사회경제적 요인으로 태동하기도 하고 문화적인 요인으로 태동하기도 하는데, 독일의 '독일을 위한 대안(Alternative for Democracy, AfD)'이나 스웨덴의 '스웨덴 민주당(Sverigedemokraterna, SD)' 같은 정당은 사회경제적 기반을 토대로 나왔다고 봅니다. 그 이유는 이들 나라가 수출 중심 제조업 국가이기 때문에 출현할 수 있었다고 보거든요.

김현종 미국도 그런 나라에 해당한다고 봅니다. 여기에 낙태 문제라든지 소수자 문제 등도 엮여 있고요.

이원재 네. 미국에서는 흔히 '러스트 벨트(Rust Belt, 미국 중서부 및 북동부 일부 지역으로 대표적인 중공업 중심지)'에서 제조업 쇠퇴로 일자리를 잃은 노동자 계층이 트럼프주의의 사회경제적 기반이라고 하죠. 저소득층이 이민자들과 부딪히면서 결집한 독일이나 스웨덴 사례와는 조금 다르다고 판단합니다. 기독교 근본주의, 낙태 등과 같은 여러 문화적인 이유가 합쳐진 거죠.

김현종 그건 맞는 말씀입니다. 지금 트럼프가 반대하는 DEI(Diversity·Equity·Inclusion) 정책 등은 문화적인 부분이라고 봐야죠. 우리나라에서 벌어지는 양상은 어떻게 보십니까?

이원재 우리나라 경제구조는 독일이나 스웨덴하고 비슷한

면이 있죠. 일단 무역 의존도가 높지요. 독일과 스웨덴의 무역 의존도가 60~70% 정도 되는데, 우리는 80%에서 90%를 왔다 갔다 하니 우리의 대외 경제 노출 구조가 더 심하죠. 그리고 대기업과 중소기업의 격차로 말미암은 이중 노동시장이라는 점도 비슷합니다. 우리도 그렇지만 독일도 그 격차가 크죠. 비정규직도 많고요.

이는 어찌 보면 당연한 일인데, 수출을 많이 하면 수출하는 기업은 대부분 대기업이고 엄청 잘 나가요. 하지만 2차, 3차 하청 기업이나 내수 기업은 좀 어렵죠. 이런 점을 고려하면 독일의 극우 정치가 우리나라에 나타날 잠재력이 있다고 봅니다. 게다가 우리는 아직 잠재적인 문제도 안고 있습니다. 바로 이민 문제예요.

이러한 이민에 가장 먼저 영향을 받는 계층은 지방에 거주하는 장년층 이상일 가능성이 큽니다. 지방, 청년층보다는 장년층, 재취업이 불가능한 사람들이죠. 그다음부터는 우리가 하기 나름입니다. 만약 우리가 지금 오세훈 서울시장이 주장하는 방식처럼 돌봄 노동자를 받기 시작하면 머지않아 우리나라에도 미국처럼 인종적, 문화적 이유에서의 극우 정서가 생길 수도 있습니다. 돌봄 노동자 수용은 결국 하층민을 받는 개념이 될 거고, 그러면 최저임금까지 건드려야 할 수도 있어요.

이미 오세훈 서울시장이나 이준석 대선 후보가 최저임금

차등 적용 주장을 시작했는데, 이게 외국인 혐오 정서를 정치적으로 결집시키는 첫 시도일 수도 있습니다. 그러면 기존 내국인들로서는 자기들이 좀 더 소득을 높게 받으면서 돌봄 노동자들을 부릴 수 있다는 점은 좋겠지만, 그들과 같은 지역에 살아야 하고, 나중에는 같은 학교에 자녀를 보내야 하는 상황에 처하는 거죠. 그리고 어떤 지역에서는 외국 출신 정치인이 부분적으로라도 권력을 갖게 되는 사례가 발생할 텐데, 그런 상황을 과연 받아들일 수 있는가가 중요한 이슈가 될 겁니다.

김현종 그런데 말씀하신 내용이 실제로 진행됐을 때, 외국 출신 선출직 공직자는 언제쯤 나올 것으로 보고 있습니까? 기초의원, 광역의원, 기초단체장, 국회의원, 광역단체장, 대통령의 순서겠죠?

이원재 이미 비례대표 국회의원으로 이자스민 의원이 있었죠. 앞으로 이민자 수가 계속 늘어나면 장기적으로는 나오는 게 자연스럽죠. 저는 이 가능성에 대한 반발의 전조가 계엄 사태 이후에 나타났다고 봅니다. 반중(反中) 이야기가 나오는데, 그 이야기는 반이민 정서가 생길 수 있는 중장년 이상 실직자들을 대상으로 하는 거거든요. 예를 들어 아파트 관리 같은 자리는 퇴직한 분들한테 여전히 괜찮은 일자리잖아요.

 그런데 그걸 다 외국인이 하면, 최저임금 안 주고도 관리자로 쓸 수 있다고 하면, 아파트 주민들이 다 외국인으로 바꿀 겁니다. 그런 식으로 이미 간병인 관련 직종이 바뀌었고, 공사장 인부들도 많이 바뀌었죠. 이런 변화를 기획하고 유도했던 사람들은 아마도 '아, 이에 반발할 사람들은 중장년층이나 노년층, 어떤 면에서는 저소득층, 그게 아니어도 실직하고 재취업이 잘 안될 계층의 사람들이겠구나'라고 생각했을지도 몰라요.

김현종 그렇다면 지난 계엄 사태 때 들렸던 반중 구호는 일종의 사전 테스트였다고 볼 수도 있겠네요.

이원재 그렇죠. 결집 시도를 한번 해본 거죠. 다행히 이번에는 잘 안됐는데, 그런 시도가 계속되면 결집될 수도 있죠.

김현종 그럼 청년들은요. 특히 남성 청년들의 정서는 확실히 따로 가고 있는 것 같습니다.

이원재 청년층의 입장은 좀 복잡합니다. 이런 극우 정서를 가진 청년 남성이 많다는 여론조사 결과가 계속 나오죠. 심지어 이번 대선 출구조사에서는 20대 남자 유권자 집단에서 최다 득표한 후보는 이재명도 김문수도 아닌 이준석 후보였습니다.

    걱정되는 건 중장년층입니다. 지금 우리나라가 제조업이 하락하고 비정규직과 플랫폼 노동자가 늘어나는 참인데, 여기에 외부 이민자들까지 들어와서 자영업이나 소상공인, 돌봄 노동 등과 같은 직업을 구하려는 중장년층 이상의 일자리 기회를 전부 차지하려 한다면, 우리 사회가 사회경제적 기반의 극우 정치로 치달을 가능성이 굉장히 높기 때문에 주목할 필요가 있습니다.

3. 보수 세력의 방향성과 미래, 그리고 이준석

김현종 잠시 현실 정치 이야기를 해보죠. 지난 대선에서 이준석 후보가 적지 않은 영향력과 잠재력을 보여줬다고 생각하는데, 앞으로 이준석의 정치가 통할 가능성에 대해서는 어떻게 생각하시는지요?

이원재 이준석이 바라보는 방향은 독일이나 스웨덴의 극우 정당 모델은 아니라고 생각합니다. 하지만 엘리트 정당을 모델로 하고 있다면 맞는 이야기라 할 수 있습니다. 이준석은 지난 국회의원 선거 때 경기도 화성에 자리를 잡았잖아요. 화성·동탄 지역은 서울 강남이나 판교보다 재력 면에서 떨어질지는 몰라도, 어쨌든 우리 사회 구조에서 보면 상위 1%, 그것도 젊은 엘리트들이 사는 동네라고 볼 수 있습니다. 결국 이준석이 화성으로 갔다는 점은 그의 핵심 타깃이 어느 계층인지 명확하게 보여준 거죠.

김현종 그렇다면 단기간에 지지층이 폭발적으로 확산되기가 어렵지 않을까요? 어떤 면에서는 극우 성향으로 치우칠 위험성도 덜한 듯하고요.

이원재 그래서 유럽의 극우 정당처럼 사회경제적 소외 계층을 대변하면서 혐오 정서를 폭발적으로 강화하는 정치인이 되기는 쉽지 않다고 봅니다. 혐중 정서를 이야기하거나 페미니즘을 공격하는 장면에서는 서구 극우 정치와 유사해 보이기도 하지만, 결국 이준석 후보 역시 전통적 엘리트 보수 정치에서 벗어나기는 쉽지 않다고 봅니다. 물론 나쁘게 보자면 기존의 보수적인 질서와 엘리트주의, 메리토크라시(능력주의)를 더 강화할 위험성 역시 존재하죠.

김현종 아직은 동전의 양면과 같은 상태라는 말씀이시군요.

이원재 맞습니다. 기층 민중을 대변하는 서구 포퓰리즘형 극우 정치로 이준석이 가기는 어려울 거고요.

김현종 한국에서도 서구형 희생양 정치, 그러니까 이주민 반대 집단이라든지 안티 페미니즘 등과 같은 세력이 등장할 가능성이 궁금합니다.

이원재 등장할 수 있다고 봅니다. 그리고 이 점이 가장 걱정되는 부분입니다. 앞서 우리나라가 1987년부터 민주화가 진행됐다고 말했잖아요. 그래서 노무현 대통령은 본인이 새 시대의 맏형인 줄 알았는데 알고 보니 구시대의 막내였다고 말하기도 했죠.

그런데 구시대의 막내는 이재명이라고 생각합니다. 1987년 민주화를 주도했던 세력이 주류로 올라섬으로써 민주화가 완성된다고 보기 때문이죠. 지난 대선 지지율을 봐도 그렇고, 규범적인 측면에서도 우위를 점했고요. 이른바 사회의 주류 계층의 지지를 받음으로써 민주화가 완성된다고 보면 이재명이 막내가 되는 셈이죠.

그러나 그다음에 비주류로 등장할 거라고 걱정하는 정치가 바로 극우 정치입니다. 사회경제적 기반이 있는 극우 정치가 지금 가능성을 계속 테스트하고 있어요. 지난 계엄 사태 이후에 아스팔트 우파가 외쳤던 반중 정서 같은 것들이 대표적이죠. 아직 우리가 가야 할 길이 정해지지 않았기 때문에 이런 걱정은 현실이 될 수도 있습니다.

우리가 이민자를 받는 문제를 천천히 신중하게 가자고 한다면 극우 정치의 핵심은 다른 방향으로 움직일 수도 있습니다. 그러면 다른 희생양을 찾을 텐데 가장 유력한 집단으로 동성애자를 비롯한 성적소수자, LGBT를 꼽을 수 있습니다. 그렇게 시작해서 점점 세력 범위를 넓혀가는 거죠. 그다음 타깃은 어떻게 디자인하느냐에 따라서 달라지겠지만, 여성이 될 수도 있고 노약자가 될 수도 있어요.

김현종 이재명 시대에 대해 고민하는 것도 벅찬데, 그다음 단계까지 바라보고 있군요. 지금 유럽 같은 경우는 이러한 갈등을 정당정치 안에서 감당하고 있잖아요. 미국은 정당정치 안에서 감당하면서도 유권자 20~30% 정도는 선 밖을 오가는 듯합니다. 우리나라는 어떤 양상으로 갈까요?

이원재 우리나라는 대통령제인 데다 양당제나 다름없으므로 정권이 투표 한 번에 넘어간단 말이죠. 우리가 프랑스의 극우 정치에 관해 이야기한 지가 벌써 25년이 됐는데 그들은 아직 한 번도 집권하지 못했어요. 그건 프랑스가 결선투표가 있는 대통령제와 내각제가 혼합된, 어떻게 보면 안정된 체제이기 때문입니다. 대통령 결선투표가 있고 국무총리가 정부 수반이면서 의회가 정부 불신임권을 갖는 다당제 정치제도를 갖고 있으니, 극우파가 절대다수를 차지하기가 쉽지 않습니다.

반대로 순수 대통령제에다 양당제인 미국에서는 트럼프가 손쉽게 공화당을 장악하고 정권을 잡았죠. 그래서 어떻게 보면 프랑스 정치체제가 이런 변화에 대해 탄력성을 지닌 체제라고 할 수 있습니다. 하지만 한국 정치는 상대적으로 미국과 유사하죠. 현재 체제대로라면 국민의힘이 빠르게 진짜 극우 정당으로 변하고, 아스팔트 우파를 계속 양성해서, 당장 다음 대통령 선거에서 승리할 수도 있는 거죠. 이재명 정부가 정치를 잘해야 하는 이유입니다.

4. 사회 서비스 기반 내수 경제로의 전환 가능성

김현종 이제 사회 서비스를 기반으로 하는 내수 경제로의 전환을 신중하게 검토해야 할 시점이라고 말하기도 합니다. 현실적으로 가능한 이야기인가요? 공공 서비스 중심 내수 경제라는 개념에 관해 가장 먼저 떠오르는 생각은 그냥 돌봄 노동에 대한 비용을 국가가 지불해서 국가 경제에 편입시키는 건데요. 지금은 개인이 개인에게 부조하고, 친정엄마가 딸을 도와주고 하는데, 그런 것들까지 포함해서 국가가 비용을 부담하고 이를 공공 서비스화해서 내수 시장을 키우자는 이야기인가요?

이원재 어느 정도는 맞습니다. 하지만 스웨덴처럼 완전히 공공 서비스 중심으로 전환할 수 있을지는 장담하기 어렵습니다. 사실 1970~80년대 스웨덴과 독일의 경제 구조는 비슷했어요. 그러다 양국 모두 결정적인 순간을 맞게 됩니다. 둘 다 수출 제조업이 주력이었기 때문에 기업 경쟁력이 굉장히 중요했어요. 이들이 벌어오는 돈으로 일자리를 창출하고 세금도 납부하게 해야 하니까요. 그런데 글로벌 경쟁이 점점 더 극심해지는 거예요. 게다가 중국도 등장했고요. 이런 상황에서 글로벌 경쟁을 계속하려면 결국 비용을 절감할 수밖에 없었는데, 이게 이전까지 기업들이 내던 법인세와 그 기업들에 소속된 고소득 노동자들이 내던 소득세가 줄어드는 결과로 이어졌죠. 이 세금으로 국가의 복지를 확대해왔는데, 이대로 가면 복지 확대는 불가능하고, 세금을 더 걷으면 기업의 경쟁력도 떨어질 것 같으니 큰 고민거리가 됩니다.

　이 시점에서 독일은 노동 개혁을 단행합니다. 1990년대 이후 독일은 신자유주의 노선을 탑니다. 기업의 비용을 절감해주는 정책으로 전환하죠. 그래서 독일에도 우리나라와 같은 노동시장의 이중구조가 만들어졌다는 게 중론입니다. 스웨덴은 좀 다른 길을 갑니다. 돌봄 등과 같은 영역에 대해 국가가 인력을 고용하고 월급을 주면서 챙겼단 말이죠. 그러면서 여러 대기업이 스웨덴을 떠나거나 쇠퇴했어요. 왜냐하면 기업한테 많은 부담을 지속해서 줬기 때문에 에릭슨 같은 엄청난 기업부터 스타트업까지 다들 버틸 수가 없었습니다. 그래도 스웨덴은 그걸 감수했죠. 지금 스웨덴 국민의 관점에서 보면 이는 성공한 사례입니다. 불평등이 훨씬 덜하고 행복도가 높으니까요. 수출 비중도 GDP 대비 40% 정도는 되니 그렇게 많이 줄진 않았어요.

김현종 결과적으로 스웨덴은 국제 경쟁력이나 국가 경제력은 좀 약해졌지만, 국민의 만족도나 행복도, 가계 수입은 괜찮다는 말씀이네요. 이는 시사하는 바가 좀 클 거 같은데요. 우리가 함께 공부해볼 필요도 있어 보이고요. 앞서 말씀하셨던 공공 서비스에는 또 어떤 것이 있을까요? 아동과 노인에 대한 돌봄 노동 외에 공공 서비스 중심 내수 경제로 편입될 수 있는 분야는 무엇이 있습니까?

이원재 일단 돌봄이 핵심입니다. 아동과 노인 외에도 가사도우미나 간병인 같은 보건 의료 분야의 일자리들도 포함됩니다. 그리고 사회 서비스라는 분야는 지속적으로 넓힐 수 있는 부분이고요.

김현종 예를 들어 독서 지도나 문화 광장 등과 같은 서비스도 공공 서비스에 포함할 수 있지 않을까요? 앞으로 사람들의 개인 시간이 더 많아지면 이런 욕구도 상당히 늘어날 텐데요.

이원재 욕구를 충족해주는 서비스는 무궁무진하죠. 예로 드신 것 외에도 심리 상담 분야도 엄청 커질 수 있고요. 노인 케어 분야도 그렇습니다. 노인 케어라고 하면 보통 요양원 같은 곳을 먼저 떠올리는데요. 요즘 일부 지자체에서 시행하는 동행 서비스나 말벗 서비스 같은 일도 볼륨이 꽤 커질 수 있죠.

물론 국가 전략을 거시적인 안목으로 봤을 때, 그런 분야에 투자하려면 돈이 들어올 곳이 있어야 하고, 결국은 글로벌 경쟁력이 있는 기업들에서 가져오는 수밖에 없어요. 그러면 기업들은 압박감을 느낄 테고, 일부는 다른 나라로 옮기거나 기업의 쇠퇴를 감수할 수밖에 없겠죠. 사회 서비스 영역의 고용을 늘리면 그 고용자들의 소비가 늘어나기는 하겠지만, 기업들의 국제 경쟁력 감소를 보충하는 데 큰 도움이 되지는 않겠죠.

김현종 그렇게 해서 행복 경제가 작동하게는 할 수 있을지 몰라도 국가 경제력의 손실을 100% 만회할 수는 없겠죠. 공공 서비스만으로 경제가 현상 유지를 할 수가 없지 않을까요? 첨단 제조업이라든지 아니면 다른 분야에서라도 외부에서 돈을 벌어올 수단이 필요할 텐데요. 그래야 정상적으로 돌아갈 수 있지 않나요?

이원재 꼭 그렇지는 않습니다. 투자 대비 부가가치가 얼마나 나오는지 물으면 물론 업종마다 다르고 그중에서도 제조업이 상대적으로 크겠죠. 하지만 진짜 자기한테 필요한 서비스가 있다면, 예를 들어 자기가 아파서 한동안 드러누워 있어야 하고 간병해줄 사람이 필요한데, 이때 누군가 자기를 간병해준다면 그 역시도 원론적으로는 경제성장에 기여하는 행위거든요. 그래서 부가가치는 1대1 대응이 될 수 있습니다.

그리고 스웨덴은 무상 복지가 아니에요. 복지 서비스 대부분은 돈을 내야 받을 수 있어요. 돈은 내지만, 고용이 안정된 사람들이 케어 서비스를 제공하므로 그 과정에서 부가가치는 발생하죠.

김현종 스웨덴의 사례 말고 우리가 검토해볼 수 있는 다른 모델이 혹시 또 있을까요?

이원재 미국처럼 가는 방법도 있겠죠. 사회 서비스 분야를 전부 외국인한테 개방해서 노동력을 싼 값으로 제공하도록 만드는 거죠. 그러면 저부가가치 노동이 늘어나니 이중 노동시장이 고착화할 수 있습니다.

김현종 가격을 낮출 수는 있지만, 사회 내부에서 갈등이 심화할 수 있겠네요.

5. 제조업에서 지식 서비스로의 방향 전환

김현종 제조업에서 지식 서비스로의 방향 전환은 가능할까요? 말하자면 우리나라 사람들이 좀 더 고부가가치 노동을 많이 하는 거죠.

이원재 이에 관해서는 전문가들도 입장이 갈립니다. 다소 진보적인 전문가들은 스웨덴식 공공 경제 모델로 가야 한다고 주장합니다. 수출 제조업이 아무리 커져봤자 새로운 일자리도 많이 못 만들어내고, 앞으로 관세가 부활하면서 보호무역주의가 창궐하면 더 가망이 없으니 공공 서비스로 가야 한다고 말합니다.

이와 반대로 그래도 글로벌화는 진행형이기 때문에 아무리 고립주의 흐름으로 변한다고 해도 관세 조금 물면서 수출하면 된다는 전문가들도 있습니다. 지금 상황으로 봐서는 나라 간 경쟁은 더 격화될 것 같은데, 우리가 넉넉한 상황도 아니면서 내수와 공공에 거액을 투자하기는 어렵고, 차라리 삼성전자나 하이닉스 같은 데를 도와주는 방법이 더 좋은 선택이라는 거죠. 국가가 산업 정책으로 기업을 밀어줘서 수출 많이 하게 하고 청년들은 고부가 서비스, 디자인, 마케팅, 설계, 플랫폼 회사에서 일자리를 찾으면 된다는 논리입니다.

물론 이렇게 되면 이중 노동시장 이론에서 말했던 것처럼 내수 경제에 구멍이 생기고 격차가 커진다는 문제가 분명히 생길 텐데요. 이는 그래도 기업들이 어느 정도는 부담해서 내수 경제를 살리는 형태로 복지 시스템을 강화해야 한다고 생각합니다. 스웨덴처럼 하려면 비용이 너무 많이 들어갈 수 있으니 그 대안으로 사회적 경제를 고려해볼 수도 있는데요. 사회적 경제는 반민·반공공 체제로 그나마 상대적으로 유연하고 저비용이면서도 경쟁이 존재합니다. 그러므로 사회적 기업이나 협동조합 등과 같이 중간에 있는 기업들을 활용해서 서비스를 많이 제공하게 하면 서로 보완적인 형태가 되지 않을까 합니다.

김현종 지금 말씀은 교육 제조업에서 지식 서비스화를 하지 말자는 이야기가 아니라 그냥 내버려둬도 기업들이 알아서

할 거라는 전제가 좀 있는 거네요. 그리고 지식 서비스화의 방법론에서도 지금 삼성전자의 반도체 조립과 같은 일자리보다는 고부가 서비스 디자인이나 마케팅에서 좀 더 제품 경쟁력을 높일 수 있는 일자리를 많이 만들어야 한다는 말씀이고요.

이원재 국가가 기업을 어느 정도는 도와줄 수 있고 도와줄 능력도 있습니다. 그리고 반도체법 같은 것도 필요에 따라 만들 수 있다고 보고요. 다만 중간 단계의 단순 제조업은 어차피 중국에 상당 부분 따라잡힐 거라는 점을 전제하고 이야기한 겁니다.

김현종 그런데 AI나 로봇의 본격적인 도입, 그리고 주 5일제에서 주 4일제로의 변화 등을 고려한다면, 일자리 수요가 실제로 많이 줄어서 청년들의 일자리 문제가 거꾸로 해결되는 양상도 나타나지 않을까요?

이원재 안 그래도 제가 말씀드리려던 건데요. 우리가 전체를 다 아울러서 이야기를 하다 보니 논의가 다소 추상적으로 흐르는 거 같은데, 결국 우리나라에서 제일 큰 문제와 맞서야 할 세대는 이미 정해져 있어요. 기간도 정해져 있고요. 그러니까 향후 20~30년 동안 일자리를 찾지 못하는 장년층

이상인 사람들에게 문제가 생길 겁니다. 지금 나이로 45세 이상인 사람들이 해당하고요.

1970년대생으로 우리가 소위 X세대라고 부르는 집단이죠. 1980년대부터는 인구도 줄고 학력 수준도 굉장히 높아져요. 심지어 지금 20대들은 세대 전체를 놓고 보면 훨씬 고급 인력이기 때문에 이들은 당연히 고부가가치 서비스로 가야 하죠. 그리고 말씀하신 대로 이제는 숫자가 너무 줄어서 노동시장에서는 공급이 문제가 될 겁니다.

6. 제조업 기반 유지와 사회 서비스 경제의 병행

김현종 우리나라가 향후에도 지속 가능하려면 어떤 성장 전략이 필요할까요? 일단 지금까지 우리 경제의 중심이 돼온 제조업 기반을 어떻게 유지하고 경쟁력을 높일지가 한 가지 화두가 될 것 같고요. 이번 대담에서 이야기했던 사회 서비스 분야가 우리 경제의 한 축으로서 다른 분야와 함께하려면 어떻게 해야 하는지도 중요한 화두일 것 같습니다.

이원재 일단 지금은 트럼프가 물러난다거나 세계화 자체가 사라진다거나 등과 같은 일은 벌어지지 않을 겁니다. 다만 플라자 합의(1985년 미국 뉴욕에서 미국, 일본, 영국, 프랑스,

서독의 재무장관이 모여 진행한 환율 조정 회의)와 비슷한 작업은 할 거라고 봅니다. 트럼프 환율이나 관세율 조정 등의 문제가 다뤄지겠죠. 이 플라자 합의는 지금도 전 세계를 대상으로 영향을 미치고 있는데, 이는 일종의 고립주의적 행동이라고 간주할 수 있습니다.

김현종 플라자 합의 수준의 협정이 이루어진다면, 그 예상치는 관세를 약간 인상하고 그다음으로는 금리에 관한 논의가 있겠군요.

이원재 일단 핵심은 달러의 약화죠. 달러가 약세로 돌아서면 미국의 입장에서는 수입 가격이 상대적으로 높아지고, 그러면 그들의 무역 적자도 일정 부분 해소될 테니까요.

김현종 그렇다면 그 협의는 웬만한 경제 주체들이 전부 참석하는 자리가 되지 않겠어요? 그러니까 전 세계에서 20~30개 국가 정도는 모일 것 같은데요. 그런데 이런 형태의 합의가 미국과 상대국의 1대1 협의와는 좀 다른 결과를 도출할 수 있을까요?

이원재 지금 일부 국가는 미국과 1대1로 협상을 진행하고 있죠. 하지만 시장은 계속 다이내믹하게 움직일 수밖에 없습니다. 게다가 이미 아시아 국가들의 통화는 강세 기조로 접어들고 있고요. 이미 시장에서는 달러화 약세가 관철될 거로 전망하고 있어요. 그렇게 되면 이것이 미국의 관세 정책과 결합해서 기존에 무역 흑자를 내던 국가들은 흑자 규모가 줄어들고, 무역 적자를 내던 국가들은 적자 규모가 줄어들게 되는 거죠. 만에 하나 수출 규모를 유지하더라도 흑자 규모는 줄어들 수 있다는 정도로 보면 될 듯합니다.

김현종 어차피 환경의 변화는 잘 알아서 도움되는 방향으로 활용하면 됩니다. 지금까지 우리는 우리가 잘한 것도 있지만, 외부 환경의 덕을 가장 많이 본 선진 산업 국가이긴 합니다. 삼성전자 같은 경우는 인재들도 다 데려다 썼고요.

이원재 생각해보면 1970~80년대만 해도 정부에서 기업들 성장하라고 전적으로 밀어주면서 그에 따른 위험은 정부에서 다 감당해주던 시절이 있었죠. 1990년대 초반에 수출 1조 원을 달성하고 그 뒤로도 계속 성장하던 시기에도 정부가 엄청 도움을 많이 준 거 같네요. 심지어 은행권에서도 그냥 다 눈 감아주고 해달라는 대로 대출해주고 그러던 시절이 있긴 했습니다.

김현종 일전에 반도체 산업의 대가를 만나서 이야기한 적이 있는데, 인재를 마음껏 쓸 수 있었다는 점, 그리고 정부가 확실하게 밀어줬다는 점 두 가지를 성공 요소로 꼽더라고요. 그러니까 꼭 특혜라고 하지 않더라도 인프라 건설을 포함해 다른 여러 여건이 갖춰지지 않았으면 반도체 산업은 할 수 없었던 거죠. 대규모로 단지를 구성하고 전기, 용수, 택지 등도 다 필요했는데 그런 것들을 해줬다는 말이죠. 규제도 없애주고요.

이원재 국가가 나서서 과감하게 투자하고 위험을 감수하고 기업들한테 신자유주의 시대에는 상상도 하지 못했던 지원을 서슴없이 하는 거죠. 이걸 마추카토식이라고도 합니다.

김현종 마추카토식은 어디에서 어떻게 시작된 방식인가요?

이원재 마리아나 마주카토라는 영국 서섹스대학 교수가 내놓은 이론인데요. 이탈리아 출신이고 2010년대에 《기업가 정신을 가진 국가(The Entrepreneurial State: Debunking Public vs. Private Myths in Risk and Innovation)》라는 책을 썼어요. 그 책에서 이런 국가 주도형 산업 정책 이야기를 많이 다뤘습니다. 근데 그 책의 내용이 지금은 거의 주류가 됐죠. 정책적 측면에서는 케인스주의와는 완전히 달라요. 케인스는 돈을 풀어서 국민들이 돈을 많이 쓰게 하고 고용도 창출하자고 했죠. 당시만 해도 케인스가 했던 이야기 중에 이런 것도 있었어요. 정부가 어떤 사람을 고용해서 여기 있는 돈은 저쪽에다 갖다 묻고, 저쪽에 있는 돈은 여기에 갖다 묻으라고 하면서 월급을 주면 경제가 순환되고 그 과정이 좋은 역할을 한다, 뭐 이렇게까지 이야기할 정도였습니다.

지금은 그럴 돈이 있으면 기업에 주자는 거예요. 반도체 기업한테 그 돈을 줘서 시설에 투자하게 만들자는 겁니다. 사실 이 주장과 맥이 통하는 이야기가 이재명 대통령이 말했던 엔비디아 사례예요. 국부 펀드에 관해 설명하면서 엔비디아 같은 기업에 국민이 다 투자해서 돈 많이 벌어서 나눠 가질 수 있으면 얼마나 좋겠냐고 했죠. 물론 이를 우리나라에 실제로 어떻게 적용할지 생각해보면 역설적이게도 박정희 시대에 추진했던 모델하고 비슷하다고 보거든요. 박정희도 국가가 나서서 위험을 감수하며 전략을 설정하고 투자를 결정하고, 기업은 그 큰 전략 안에서 실제 사업을 수행하면서 경제를 성장시켜 나가는 전략이었습니다. 그런 부분은 지금도 똑같아요.

그런데 그 과정에 동원된 수단은 좀 달라요. 박정희 때는 차관도 있었고, 정경유착이라고 많이들 말하지만 어쨌든 은행을 좀 유연하게 운영해서 기업들한테 막 퍼주게 만들었는데요. 지금은 투자가 수단이죠. 정부가 주식 투자로 지분을 확보해서 나중에 배당금 받고, 그러면서 전략에 영향을 끼치는 방식이고요. 수단은 다르지만 모델은 거의 같습니다.

그러니까 우리는 어떻게 보면 남들이 케인지언 시대를 거치는 동안 이미 슘페터리언적인 국가로 출발해서 신자유주의 시대를 같이 겪었고, 그 기회를 잘 활용한 다음에 이제는 다 같이 슘페터리언 시대로 가고 있는 중이에요.

김현종 그러면 지금 우리가 가는 속도가 빨리 가는 거예요, 같이 가는 거예요, 아니면 늦게 가는 거예요?

이원재 같이 가는 겁니다. 신자유주의 시대가 끝날 때 같이 끝났고, 슘페터리언 시대는 모두 함께 출발했죠. 그러니 늦은 것도 빠른 것도 아닙니다. 이제는 우리도 같이 가야 한다고 생각할 수밖에 없어요. 신자유주의 시대를 거치면서 모든 나라가 시장화를 했거든요. 미국도 유럽도 전부 시장주의적으로 바뀌었어요. 그래서 좌파든 우파든 이러한 흐름 속에서 함께 균형을 잡아야 하기 때문에 같이 가야 하고요. 여기서 우리나라가 전체적인 방향성을 어떻게 디자인할 건지가 굉장히 중요합니다. 왜냐하면 우리는 이미 노동시장 이중구조를 갖고 있는 국가이기 때문에 여기서 위쪽에다 더 투자할 때 어떤 일이 벌어질지는 굉장히 자명한 거죠.

김현종 여기서 우리가 노동시장의 이중구조를 갖고 있고 위쪽에 투자한다는 이야기는 무슨 의미인가요?

이원재 노동시장의 이중구조는 결국 수출 제조업 국가에서 수출 대기업 부문과 나머지 부문의 양극화된 구조를 말합니다. 기업의 실적, 임금, 소득 수준, 심지어 그 기업이 있는 동네와 없는 동네, 이런 것까지 다 양극화되는 그런 구조죠. 그 아래쪽에는 비정규직과 저임금 노동자, 중소기업 등이 있고, 위쪽에는 대기업 몇 개가 지배하고 고소득 노동자와 조직화된 노동자들이 활동하는 구조가 이중구조입니다.

이런 구조가 없는 국가들이 슘페터리언적으로 투자한다면 양극화가 발생할 수는 있겠죠. 하지만 원래 우리나라만큼 벌어져 있지 않았기 때문에 그 부작용은 덜할 수 있습니다. 하지만 우리는 이미 이중구조를 갖고 있고, 지금보다 더 벌어지면 아주 심각한 문제가 될 수 있을 겁니다. 따라서 우리는 사회 통합에 악영향을 끼치지 않도록 이런 투자와 사회 서비스 경제를 병행해야 합니다.

김현종 알겠습니다. 이번 대담에서 정말 많은 이야기를 했는데요. 좋은 제언과 설명 대단히 감사합니다.

4장

국정운영자의 조언:
정치, 경제, 한반도 평화를 위한 제언

노영민 × 김현종 대담 ①

1. 한국 경제의 미래와 잠재성장률

김현종 먼저 우리나라의 향후 성장 가능성에 관해 이야기해 보도록 할 건데요. 솔직히 지금 통계 자료나 예측 자료에서 참고할 수 있는 우리의 성장률 기대치는 그다지 희망적이지 않습니다. 그런 수치들을 개선하는 일조차도 쉽지 않아 보이고요.

노영민 한국의 경제성장률이 현재 정점을 찍었느냐 아니냐에 관한 의견은 조금씩 다르긴 한데요. 일단 꼭대기를 찍었다면 미래에는 내려갈 일밖에 없겠죠. 그렇다면 내려가는 속도를 조절해야 할지, 아니면 새로운 성장 동력을 발굴해서 다시 점프할 수 있을지가 관건이 될 텐데요. 쉽지는 않을 겁니다.

잠재성장률을 이야기하지 않을 수 없는데요. 잠재성장률을 규정하는 요소는 세 가지입니다. 첫 번째는 인적 자본, 쉽게 말하자면 인구입니다. 두 번째는 투자입니다. 세 번째는 기술입니다. 이 3대 요소가 경제에서의 성장 잠재력을 규정합니다. 가장 중요한 문제는 역시 인구인데, 우리가 이걸 해결할 방법이 현재로서는 마땅치 않습니다. 그간 우리보다 먼저 인구 감소 내지는 저출산을 겪은 나라들도 단기적으로 이를 해결한 유일한 방법은 이민 정책밖에 없었어요.

물론 중장기적으로는 복지 강화를 통해서 헤쳐나가려 했지만, 단기적인 해결 방법은 이민 정책, 좀 더 확대하면 외국인 노동자의 대거 유입이었어요. 그 외에는 방법이 없었습니다. 한국이 요즘은 많이 바뀌었지만, 단일민족이라는 개념이 깊이 박혀 있기 때문에 외국인에게 이민을 개방하는 것에 대해 상당히 배타적인 국가입니다. 그나마 조선족이나 일부 외국인 노동자에게 부족한 노동력 확보를 위해 우리 국적을 부여하는 부분에 있어서만 예외적으로 개방적이었지만, 근본적인 이민 문제에 대해서는 여전히 소극적입니다.

김현종 잠재성장률에 대해서 아주 명쾌하게 말씀해주셨는데, 질문이 하나 떠올랐습니다. 지금 현재 우리의 이민 정책이 고수하는 속도감에 대해서 어떻게 보시는지요? 그러니까 지금 정도를 유지하는 게 좋을까요? 조금 더 빗장을 열어줘야 할까요? 아니면 지금보다 조금 더 천천히 열어줘야 맞을까요?

노영민 결국 노동력은 수요와 공급에 의해 가격이 결정되잖아요. 현재 동남아시아나 중앙아시아 국가에서 노동력을 수출하지 않습니까? 그런데 이런 노동자들이 해외 국가로 갔을 때 어느 정도 급여를 받는지를 조사한 자료가 있습니다. 이를 살펴보면 일본보다 한국에 가는 것이 급여가 높습니다. 이게 무슨 의미냐면 수요와 공급 측면에서 한국이 외국인 노동력을 더 많이 필요로 한다는 뜻입니다.

김현종 그런 것도 있고 우리나라는 지난 필리핀 가사 도우미의 사례에서 봤듯이 외국인 노동자도 한국 사람과 동일한 최저임금을 적용받는데, 다른 나라는 그렇지 않다는 이야기를 들었습니다.

노영민 다른 나라가 그렇지 않다기보다는 최저임금 제도가 다릅니다. 미국이나 일본은 주나 현마다 최저임금이 다릅니다. 하지만 우리나라는 전국이 동일합니다. 지역과 산업에 따라 최저임금에 차등을 두지 않는 나라죠

김현종 그 안에서도 외국인과의 차등이 없나요?

노영민 차등이 있다고 해도 현실적으로 그렇게 크지 않을 겁니다. 이제는 모두가 알고 있지만, 저출산 문제가 더 근본적인 문제죠. 얼마 전까지만 해도 1년에 100만 명이 넘었던 신생아가 지금은 1년에 30만 명 아래로 떨어졌지 않습니다.

그런데 지금 우리가 저출산 극복 예산으로 1년에 쓰는 돈이 30조가 넘습니다. 신생아 1명당 1억 원 이상의 예산을 씁니다. 그런데도 해결이 안 됩니다. 한국의 경제 규모와 복지 수요, 투자 재원의 확보 등을 종합적으로 놓고 볼 때, 현재 출생률로는 대한민국 경제가 운영될 수 없습니다. 결국 이 떨어진 출생률을 보완할 무언가가 들어와야 하고, 그게 이민 정책인 거죠. 현실적으로 이민 정책이나 외국인 노동자 대량 확보 정도 외에는 방법이 없습니다. 장기적으로 보면 그래도 출산율 회복을 위한 정책은 필요하지만, 현실적으로 이것이 잠재성장률을 높이는 수단이 되기에는 더욱 어렵다고 봅니다.

김현종 인구문제에 관한 날카로운 지적 감사합니다. 인구문제 외의 다른 두 가지 문제에 대해서는 어떻게 보시는지요?

노영민 국내에서도 기본적으로 투자가 이루어지긴 합니다만, 한국은 만성적으로 이 투자 재원이 부족한 나라에 속합니다. 우리는 외국인 직접투자(Foreign Direct Investment, FDI)가 아주 중요한 나라에 속합니다. 그래서 정부 정책의 일관성과 금융 시스템의 안정성, 기타 여러 가지 면에서 전부 외국인 직접 투자자들에게 인정받을 수준이어야 합니다. 보통 돈은 두 가지 요인에 의해 움직입니다. 첫 번째는 안정성, 두 번째는 수익성입니다. 수익이 높은 데로 흘러가고, 그보다 더 중요한 점은 안정적인 데로 흘러간다는 겁니다. 그리고 안정성에는 투자금을 회수하고 싶을 때 언제든지 회수할 수 있어야 하고, 그 나라에 급격한 정치적 변화 같은 일이 없어야 한다는 전제가 필요합니다.

김현종 방금 FDI를 늘려야 한다고 말씀하셨는데, 이것도 중요하나 지금 트럼프가 국내 대기업들을 압박해서 미국이 한국에 하려던 투자거리를 본국으로 많이 끌어가지 않습니까? 이런 것도 사실 어떻게 보면 우리 잠재성장률을 갉아먹는 부분이 될 듯한데요.

노영민 맞습니다. 지금 지적하신 그 부분은 가치 외교와도 연관됩니다.

김현종 그러면 그 부분은 뒷부분에서 다시 한번 논의해보도록 하고요.

노영민 세 번째 기술 요인으로 넘어가 보면 기술 혁신과 생산성 향상이 가장 중요한 이슈인데, 두 가지 모두 쉬운 일은 아닙니다. 이 역시 마찬가지로 정부의 산업 정책과 무역 정책, 재정 및 동력 수입의 확대, 그다음으로 국내적으로는 여성과 고령층의 경제활동 참여를 확대해야 합니다.

김현종 인구문제의 대안과 함께 투자나 기술 분야의 대안에 관해서도 생각해보신 부분이 있으신가요?

노영민 기업 투자는 현실적으로 쉽지 않아요. 왜냐하면 기업들이 예전과 달리 투자에 신중해졌고, 이에 따라서 설비 투자 증가율이 둔화하고 있습니다. 특히 지금 우리가 제조업 중심에서 소위 IT나 AI, 바이오 등과 같은 신성장 산업으로 전환이 이루어져야 하는데, 이 전환이 생각만큼 잘 이루어지고 있지 않습니다. 그리고 사람마다 판단의 차이는 있겠지만, 기업 투자 활성화를 위해서는 소위 미래 신성장 산업을 국가적으로 육성해야 하고, 이에 대한 투자 활성화를 위해서는 세제 혜택이나 규제 완화가 일정 부분 필요합니다.

제가 최근에 쓴 《2025 중국에 묻는 네 가지 질문》이라는 책에서도 강조한 바 있지만, 미국이 이미 오래전부터 소위 '5대 산업의 5대 기술'에 대해서 중국의 기술 패권을 용인하지 않겠다고 했는데, 그 다섯 가지 분야가 반도체와 AI, 바이오, 양자 컴퓨팅, 5G였거든요. 우리나라도 미래 성장 산업의 R&D 지원을 강화해서 기업들이 현재 신중해진 투자 분위기를 북돋아줄 필요가 있지 않은가 생각합니다.

김현종 최근 3년, 윤석열 정부 기간 잠재성장률을 다시 올리기 위한 노력이 매우 미흡했다고 볼 수도 있겠습니다. 이제 새로운 정부의 탄생을 맞아서 우리나라의 잠재성장률을 높이기 위해 이런 부분은 좀 제대로 했으면 좋겠다고 바라는 점이 있으시다면 무엇이 있을까요? 대표적으로 딱 두 가지 정도만 강조하고 싶은 점이 있다면요.

노영민 반드시 잠재성장률을 높이기 위해서만은 아니지만 인구 정책, 특히 저출산 극복을 위한 정책은 중앙정부보다 지자체들이 더 적극적으로 시행하는 곳이 많습니다. 그래서 국가의 생존을 위해서라도 저출산 극복을 위한 정책적 지원은 좀 획기적으로 할 필요가 있습니다.

김현종 그 점에 관해서는 중앙정부의 재정적 지원도 중요하지만, 외국인 이민이나 노동 허가 같은 프로세스를 지자체

단위에 이양하거나, 그에 관한 권한을 많이 넘기라는 이야기도 있거든요. 중앙정부의 비서실장을 맡으셨던 분으로서 이런 지역의 의견이 타당하다고 생각하십니까?

노영민 출입국 관련 정책은 솔직히 중앙정부가 지자체에 권한을 이양하기가 마땅치 않습니다. 다만 관련 업무를 수행할 인력을 중앙정부가 지자체로 TO를 내주거나 업무 할당량을 늘려줄 수는 있을 듯합니다.

김현종 좀 더 실질적인 업무를 할 수 있게 해달라는 거네요. 그런 정도의 분배는 잘 협의해서 시행할 수 있지 않을까요?

노영민 네, 그런 정도는 충분히 협의해볼 여지가 있습니다. 그리고 국가 정책까지는 아니겠지만, 소위 '알게 모르게' 할 수 있는 일도 있습니다. 미국에서 소위 저임금 노동력을 담당하는 계층은 상당 부분 멕시코에서 국경을 넘어 미국으로 불법 입국한 사람들입니다. 그들은 미국의 임금 인상을 상당 부분 억제하고 있는 요인이기도 합니다.

하지만 이들이 너무 많이 들어오면 그보다 상위 계층까지도 영향을 미칩니다. 중산층 중에도 저소득층 임금에 영향을 받는 사람들이 있거든요. 그러면 이 문제에 대한 불만이 발생하고 사회 불안 요소로 작용하기 시작하죠. 이런 조짐이 보이면 주정부에서는 밀입국자 단속에 들어갑니다. 사실 평상시에 단속이 허술한 이유는 밀입국자들의 숨통을 살짝 틔워줘서 소위 저임금 노동자를 공급하는 데 활용하는 거죠.

김현종 민감한 이야기라 판단하기는 좀 어려운데, 어쨌든 불법 체류자에 대한 단속도 완급 조절을 통해 어느 정도 적절한 대응 조치가 가능하다는 이야기로 이해됩니다.

노영민 그렇죠. 비슷한 사례는 아니지만 참고할 만한 점이 하나 있어요. 이전에 코로나19가 2020년 1월 말부터 심각해졌지 않았습니까? 그때 새로운 노동력 충원이 잘 안 됐습니다. 외국에서 새로 데려올 수도 없었고, 국내에서는 계약 기간이 종료된 외국인 노동자는 본국으로 돌아가야 했습니다. 농촌이나 중소 제조업체에서는 노동력 확보가 정말 힘들어졌고요.

그래서 우리가 이 코로나19 때문에 발생한 국난 극복 과정에서는 적어도 불법 체류자에 대한 단속을 심하게 하지 않는 것이 좋지 않겠느냐는 이야기가 있었죠. 물론 귀환할 때가 됐는데 귀환하지 않고 불법 체류하는 외국인들은 문제가 될 수 있지만, 상황이 상황이니만큼 단속을 강력하게 해서 더 곤란한 상황을 만들지는 말자는 이야기였죠.

김현종 그렇죠. 그런 유연성의 발휘는 정책이나 공약으로 내세울 수 없는 운영의 묘미가 아닐까 싶긴 하네요. 그렇다면 잠재성장률을 높이기 위해 이재명 정부에 당부하고 싶은 두 가지 중에 하나는 외국인 노동자에 관한 대처법이었고, 다른 하나는 어떤 점이 될 수 있을까요?

노영민 결국은 제조업 중심에서 IT나 AI나 바이오 등 신성장 산업으로 빠르게 전환할 수 있도록 강력하게 드라이브를 걸어야 되는데, 기업에서 혁신을 만들어낼 수 있도록 정부가 이 부분에 대한 지원을 확대할 필요가 있다고 봅니다. 기업이 사업 분야를 신성장 분야로 확장하거나 전환하려고 할 때 지원을 강화해주는 거죠. 노동력 문제에 관해서도 한 말씀 더 드리자면, 원격 근무를 확대하는 방안도 있습니다.

김현종 워케이션(workation, 집이나 다른 원하는 곳에서 휴식을 취하며 일도 병행하는 근무 형태) 같은 걸 말씀하시는 듯한데, 기업에서 원격 근무 확대를 잘 활용할 수 있게 할 만한 정부의 정책 수단이 있을까요? 단순히 권장하는 방법 말고요.

노영민 정부가 제일 중요하게 생각해야 할 점은 기업이나 외국인 직접 투자자에게 법적 안정성과 투명성, 일관성 등에 대한 신뢰감을 주는 겁니다. 따라서 원격 근무를 잘 활용하되 앞서 언급한 신뢰를 무너트리지 않는 선에서 관리할 수 있도록 조정하고 모니터링할 수 있도록 해야겠죠.

2. 대한민국 헌법 개정과 현실성 반영

김현종 우리 헌법에 관해 이야기를 좀 해보겠습니다. 이제 새로운 정부가 탄생했는데, 대선 전에도 그랬고 또 대선 후인 지금도 헌법에 관한 이야기가 많이 회자하고 있습니다. 조만간 새 대통령도 헌법 문제에 관한 의견을 천명하지 않을까 싶은데요. 현재 우리나라의 헌법에 대해서는 어떻게 생각하십니까? 지금까지 잘 진화해왔나요? 그리고 괜찮은 수준인가요?

노영민 사실 우리나라 헌법의 기본 틀은 국제적 기준에서 그리 크게 어긋나지는 않습니다. 하지만 우리에게는 한반도만이 갖고 있는 특수성이 있지 않습니까? 이 특수성을 헌법에 잘 녹여냈느냐에 관해서는 시대의 변화를 쫓아가지 못했다고 생각합니다. 헌법은 본래 영토의 범위라든지 국민의 자격 요건이라든지 국가 통치기관의 조직과 기능이라든지 등을 정하는 국가의 기본조직에 관한 법이었어요.

하지만 오늘날 우리가 흔히 말하는 입헌주의 또는 입헌정치에서는요. 입헌, 즉 헌법을 제정해서 국가를 운영한다고 할 때의 헌법은 국가조직에 한정한 의미가 아닙니다. 이 입헌주의 헌법은 근대적 의미의 헌법이라고 하는데, 그 내용은 견제와 균형, 자치의 확대 등과 같은 민주정치의 모든 원리를 국가조직의 기본 원칙으로 채택하는 것을 그 특색으로 합니다.

김현종 지금 말씀하신 내용을 잠시 요약해보자면, 헌법은 국가조직법만이 아니라 가치와 원리, 민주적 작동 방침 등을 포함하는 법이라고 할 수 있겠군요.

노영민 권력의 제한도 그중 하나입니다. 견제와 균형, 그리고 권력의 제한에 관해서는 재밌는 부분이 있어요. 이 이야기를 하면 국회의원이든 누구든 '진짜 그래?'라고 하면서 헌법을 뒤져봅니다. 무엇이냐면 헌법에서는 권력이 클수록 그 행사에 더 강한 규제를 둡니다.

김현종 권력이 클수록 행사에 강한 규제를 준다는 말이 어떤 의미인지요?

노영민 헌법 제정자들은 우리나라 헌법을 만들 때 대통령을 중심으로 하는 행정부, 그다음에 판사들의 사법부, 그다음에 국회의원의 입법부, 이 순서로 권력이 강하다고 생각했어요. 물론 최근에는 국회 권한이 강해졌지만, 당시에는 이러한 순서대로 권한이 강하다고 생각했습니다. 그래서 대통령 중심의 행정 권력은 법률에 따라서만 행사하도록 했습니다. 가장 고유한 대통령의 권한은 군 통수권과 사면권입니다. 미국 헌법에서도 의회의 견제 없이 대통령이 행사할 수 있는 권한은 이 두 가지 정도입니다.

그런데 우리나라 헌법은 이 두 가지조차도 법률에 따라 행사하도록 헌법에 규정되어 있습니다. 그 정도로 우리나라 헌법은 가장 강력한 권한조차 가장 강력한 규제를 받게 돼 있어요. 다음으로 사법권은 법률과 양심에 따라 행사하게 돼 있어요. 양심이 붙습니다. 입법권을 갖고 있는 국회의원은 플러스가 더 있어요. 법률과 양심과 국익에 따라 권한을 행사하게 돼 있습니다.

아무튼 이런 식으로 소위 근대적 헌법이 만들어졌는데, 이 근대적 헌법은 20세기 들어 다시 변합니다. 20세기 이전까지 국민의 기본권은 자유와 평등의 원리에 따라 국민의 자유가 권력기관의 침해를 받지 않도록 보장하는 자유권에 치중돼 있었어요. 그런데 이 자유가 경제적 불평등을 야기하고 양극화를 초래했습니다. 게다가 1차 세계대전 이후로 세계의 헌법은 모든 국민에게 인간다운 삶을 보장하는 생존권적 기본권을 강화합니다. 그래서 노동 3권, 경제민주화 조항 등과 같은 내용이 1차 세계대전 이후 새롭게 헌법의 개념에 포함됩니다. 직접민주주의 요소도 강화됩니다. 전쟁을 겪으면서 소위 전쟁을 일으킨 위정자들에 대한 불만이 터져 나왔고, 그런 국민의 불만을 해소하기 위해 정치 참여의 길을 확대하는 직접민주주의 요소가 강화됩니다.

그러다가 최근 20세기 말부터 새로운 헌법 개념이 또 등장합니다. 핵심은 인권 개념의 확대입니다. 국민의 의무보다는 국가의 의무를 중시하는 형태로 헌법이 변하기 시작했고요. 전 세계적으로 전통적인 기본권 외에 인간의 존엄성이라든지 주거 환경권이라든지 행복추구권이라든지 소수자, 약자, 여성 등의 보호 의무 규정 등과 같은 내용이 들어갑니다.

정부조직법에 있는 모든 정부 기관은 헌법에 그 존재 근거가 있습니다. 헌법에서 여성의 보호를 규정했기 때문에 여성가족부가 있는 것이고, 농어민을 보호 육성해야 되기 때문에 농림축산식품부와 해양수산부가 있는 겁니다. 국가의 균형 발전을 위해 국가균형발전위원회가 있는 것이고, 중소기업을 육성하기 위해 중기벤처부가 있는 것이고, 과학기술의 혁신을 위해 과학기술부가 있는 겁니다. 정부조직법상의 모든 조직은 헌법에 그 설치의 근거가 있어요.

보통 대통령이 취임식에서 선서할 때 국헌을 준수한다고

그러잖아요. 그런데 국헌을 준수하겠다고 선서한 대통령이 헌법에 국가의 의무로 규정된 사항을 '나 안 해!'라고 한다면, 이를 엄밀하게 따졌을 때 대통령이 헌법이 부여한 국가원수로서의 의무를 다하지 않는 셈이나 마찬가지입니다.

김현종 지금 말씀을 쭉 듣고 보니까 앞으로 우리나라 대통령은 당선되고 나서 헌법학자들한테 한 일주일 정도 특별강의를 받아야겠네요. 이번에는 인수위원회가 꾸려지지 않았지만, 정상적인 대선이라면 인수위원회 기간에 하면 좋겠네요. 물론 다 아는 내용일 수도 있지만요.

어쨌든 우리나라를 포함한 세계 헌법의 진화 방향은 처음에는 국가의 기본조직에 관한 내용을 담고 있었고, 그다음에는 국가의 권리보다 의무를 강화하고 국민의 의무보다 권리를 강화하는 쪽으로 변화했고, 권력에 대해서는 견제와 균형을 위해 제한을 두는 쪽으로 발전해왔다고 정리할 수 있겠습니다. 그런 측면에서 보면 우리 헌법도 만만치 않은 수준이라고 말할 수 있겠고요. 지금까지 말씀하셨던 내용을 되짚어보면 우리 헌법의 모순과 공백에 대해서도 의견이 있으실 것 같습니다.

노영민 그 부분에 대해서는 요즘 개헌 논의가 불거지고 있잖아요. 앞서 언급했듯 헌법 일반론적 측면에서 보자면 우리 헌법이 국제적 기준에서 그렇게 크게 벗어나지 않습니다. 하지만 우리나라의 특수성과 관련 있는 부분에는 명확한 한계가 있습니다.

특히 2조와 3조, 4조에 주목할 필요가 있는데요. 우리 헌법 2조는 국적 조항입니다. 대한민국의 국민이 되는 요건은 법률로 정한다고 돼 있어요. 이는 국적 법률주의라고 합니다. 그런데도 대법원은 판례를 통해 국민의 요건을 법률로 정한다는 헌법을 무시하고 헌법 3조에 귀속시켰습니다. 국적 조항이 헌법에 먼저 정의됐는데도 말이죠. 헌법 3조는 영토 조항입니다. 대한민국의 영토는 한반도와 그 부속 도서로 한다고 돼 있거든요. 무슨 뜻이냐 하면 한반도와 그 부속 도서가 현재 하나의 국가라는 뜻이에요. 분단을 인정하지 않습니다.

김현종 그러니까 지금 북한 국적 소유자에게는 대한민국 국적을 안 주고 있나요? 지금 그 말씀은 탈북자에게 대한민국 국적을 부여하는 것과 배치되는 내용 같은데요.

노영민 바로 그 이야기인데요. 우리나라는 국적법상 속인주의를 채택하고 있습니다. 속지주의가 아닙니다. 그러니까 남쪽에서 태어났다고 해서 다 대한민국 국적을 부여하지 않습니다. 남쪽에서 태어났다는 이유로 국적이 부여되는 경우는 한 가지밖에 없습니다. 아기가 유기되어서 부모가 누군지 모르는 경우에만 대한민국에서 태어났다는 이유로 국적이 부여됩니다. 속지주의적 성격을 일부 인정하는 사례죠.

이를 제외하면 우리는 옛날에는 부모 양쪽이 모두 대한민국 국적자여야 했고, 지금은 둘 중 한 명이 국적 보유자면 대한민국 국적을 부여할 수 있게 되어 있습니다. 이렇게 남쪽에서 태어나도 무조건 대한민국 국적이 부여되지 않은데, 북쪽에서 태어난 북한 주민이 어떻게 다 대한민국 국민이 될 수가 있겠어요. 탈북자를 대한민국 국민이라고 인정하는 근거는 결국 헌법 3조 때문인데, 그 사람이 북한 출신 부모의 자녀인지, 중국 국적의 조선족 자녀인지, 중앙아시아 국적의 고려인 자녀인지 알 수가 없지 않습니까? 그런데도 헌법 2조의 국적 조항을 헌법 3조의 영토 조항으로 무시해버리는 겁니다.

더 이상한 부분은 헌법 3조와 4조 사이의 모순입니다. 3조는 한반도가 분단되지 않았음을 가정하고 만든 조항입니다. 그리고 이 영토 조항을 토대로 해서 만들어진 법이 국가보안법입니다. 헌법 4조는 우리가 흔히 평화통일 조항이라고 하는데, 여기서는 또 남북이 분단돼 있음을 기정사실로 인정합니다. 분단의 현실을 인정하기는 하지만 영원히 분단 상태로 살 것은 아니고 통일을 지향해야 한다, 그리고 평화적인 통일 정책을 수립해서 추진해야 하며 평화적으로 분단을 극복해야 한다고 말합니다.

김현종 그러니까 분단을 현실로 인정하고 통일을 추구해야 한다고 규정하고 있는 거죠.

노영민 국가 권력의 큰 특징 중 하나가 강제력입니다. 통일을 추구하고 그 방법은 평화적이어야 한다는 내용의 함의는 북한 지역은 그 강제력이 적용되지 않는 곳임을 의미합니다. 강제력이 미치지 않는다는 말은 북한 지역에 대한 북한 정권의 지배력을 현실적으로 인정하고 수용한다는 뜻입니다. 1991년에 만들어진 남북기본합의서도 이를 토대로 했고요. 여기서 남북 관계의 특수성 및 이중성이 나오는 겁니다. 남북 관계는 통일을 지향하는 과정에서 잠정적으로 형성되는 특수 관계라고 명시했는데, 이게 헌법 3조와 4조에 걸친 모순 관계에서 비롯된 거예요. 그러니까 정치적·군사적으로는 대치하고 있는 경계의 대상이지만, 언젠가는 통일된 민족 공동체를 이루어야 하는 협력의 대상이기도 한 거죠.

3. 정치적·사회적 혼란을 없애기 위한 정치제도의 변화

김현종 지금 우리 사회는 혼란과 갈등 속에서 정처 없이 흘러가고 있는 것처럼 보입니다. 과연 이런 현상이 지속하는 원인은 무엇이며, 해결책을 어떻게 모색해야 할까요? 그리고 이와 관련해서 법적으로나 제도적으로 풀어갈 방법은 없을까요?

노영민 헌법 조항 간의 모순 못지않게 커다란 문제가 지난 몇 년 사이에 크게 증폭된 극심한 정치적·사회적 혼란입니다. 도대체 이 문제의 근본적인 원인은 무엇일까요. 무능하고 무책임한 정치 지도자들 탓이냐, 아니면 우리의 정치 구조와 그 구조를 규정하는 헌법에 어떤 결함이 있는 것은 아니냐 등과 같은 다양한 주장이 제기되고 있죠. 그런데 1987년 체제 이래 매번 총선을 통해 50% 수준의 인적 교체를 하는데도 여야 간의 극단적인 대립 정치는 좀처럼 나아지지 않고 오히려 점점 심해지고 있습니다. 그렇다면 정치 지도자 탓이라고 하기에도 좀 문제가 있지 않나 싶습니다. 선거마다 국회의원이 50%씩 바뀌는 나라가 전 세계에 어디 있냐는 말이죠.

김현종 그렇게 이야기하는 사람이 적지 않죠. 사람이 아니라 제도가 문제다.

노영민 그렇죠. 그러면 혹시 정치 구조나 제도에 문제점이 있는 게 아닐까 하는 질문으로 넘어가는 거죠. '40년간 지속된 1987년 체제는 한계에 도달했는가? 그러면 그 한계는 무엇인가?' 이런 의문이 떠오른 거죠. 1987년 체제는 과거 군사 쿠데타 세력이 유지해온 대통령 간선제를 전 국민의 희생으로 일거에 무너뜨린 쾌거죠. 그런데 그때 만들었던 5년 단임제 대통령제의 폐해가 쌓여서 더는 이대로 방치하면 안 될 심각한 상황까지 왔다고 최근에 많은 학자와 정치인이 이야기합니다.

지금 정당은 말할 것도 없고, 입법부인 국회조차 제왕적 대통령의 권력을 차지하기 위한 베이스캠프가 됐고, 선거의 승자는 전리품 챙기듯이 권력을 독점합니다. 패자는 선거 다음 날부터 다음 선거를 준비하기 위한 투쟁에 나섭니다. 이러니 우리나라가 OECD 국가 중에서 국민 갈등 지수가 최고인 나라가 된 거죠. 남북 분단도 모자라서 보수와 진보, 여야, 동서, 노사, 노령층과 청년층 곳곳에서 진영 싸움이 죽기 살기로 일어나고 있는데, 이런 식이라면 화합과 포용, 통합은 요원합니다. 이제부터라도 갈등 유발형 정치체제에서 협치가 가능한 새로운 체제로 전환이 필요하고, 헌법이 바로 이 체제 전환에 뒷받침이 되어야 합니다.

김현종 지금 5년 단임제의 문제점을 말씀하시는 것 같은데, 그렇다면 권력 구조는 구체적으로 어떻게 변화해야 한다고 생각하십니까?

노영민 현재 우리나라가 대통령제에서 이원집정부제나 내각책임제로 옮겨가야 한다고 주장하는 학자나 정치인이 많아요. 일각에서는 내각제가 분단국가에서 강력한 리더십을 확보하는 데 어려움이 있다고 이야기합니다만, 그것도 꼭 맞는 소리는 아니에요. 전 세계에서 전쟁이 가장 상시적인 국가가 이스라엘인데, 전 세계에서 내각책임제를 가장 완벽하게 운영하고 있는 나라 역시 이스라엘입니다. 그러니 분단을 이유로 대통령제를 유지해야 한다는 주장은 꼭 맞는 말이 아니라고 생각해요.

김현종 하지만 우리 국민은 이 경제적·사회적 양극화가 심해지는 가운데 정치권력은, 다시 말해서 대통령 선출권이라도 자기들이 가져야겠다는 생각이 강합니다. 국정의 최고 책임자 선출권을 직접 행사하는 걸 매우 강력하게 원하고 있죠.

노영민 그런 문제가 있긴 하죠. 하지만 현재 대통령제의 가장 큰 문제점은 두 가지라고 봅니다. 첫 번째로 우리가 대통령을 뽑는 일은 한 인간, 즉 개인을 뽑는 겁니다. 그 개인에게 국민이 위임한 권력이 넘어가는 순간, 대통령의 권력은 그가 탄핵당할 만큼 큰 잘못을 저지르지 않는 한 5년 임기가 보장됩니다. 그러니까 권력이 한 인간에게 간다는 뜻이에요.

김현종 그동안 간판을 자꾸 바꾸긴 했지만, 대통령을 꼭 개인만 보고 뽑지는 않잖아요. 당을 보고 뽑기도 하니까요.

노영민 우리 법은 당과 대통령을 분리해놓았습니다. 정치에 개입하지 못하게 돼 있어요. 대통령 후보는 정당의 공천으로 뽑지만, 정작 대통령은 정당의 공천권에 개입할 수 없습니다. 그래서 박근혜 대통령도 공천 개입 때문에 실형 선고 받았잖아요. 정당에서 최고의 권한은 공천권인데 대통령이 공천에 개입을 못 하니 서로 분리된 게 틀림없죠.
　또 하나의 본질적인 문제가 뭐냐 하면 국민의 주권이 이원화된다는 점이에요. 대통령도 국민이 뽑고 국회의원도 국민이 뽑아요. 그 시기가 다를 뿐, 국민의 권력이 두 곳에 위임되는 겁니다. 그런데 이 위임된 권력 둘이 서로 충돌하면 해결할 방법이 없어요.

김현종 그런데 그 점은 대통령제를 채택한 모든 나라가 직면하는 운명 아닌가요? 그것 때문에 민주주의가 안 된다고 볼 수는 없을 것 같은데요.

노영민 OECD 국가 중에서 유럽 국가들을 보면, 지금 대통령제를 채택하고 있는 나라는 많지 않아요. 대통령이 있다 해도 대부분은 상징적인 국가수반이고요. 미국도 대통령 중심제라고는 하지만, 사실은 연방제 국가이자 상원 중심 국가입니다. 극단적으로 미국 헌법 제1조를 미국의 주권은 미 의회에 있다는 뜻으로 해석하는 사람도 있습니다. 미국 헌법 제1조는 미합중국의 입법 권력은 의회에 있고, 의회는 상원과 하원으로 구성한다고 돼 있습니다. 법치국가로서 입법권이 중요하다고 봤고, 그래서 헌법 제1조에서 입법권에 관해 가장 먼저 규정한 거죠.

김현종 우리 헌법은 왜 그렇게 됐을까요? 처음에 제헌헌법이 제정됐고, 그다음 1차 개헌까지는 내각제 헌법이었잖아요. 그걸 이승만이 대통령 간선제로 바꿔 달라고 해서 바뀌었죠. 그렇게 해서 왕이 되고 싶었던 걸까요?

노영민 조지 워싱턴과 비슷한 생각 아니었을까요? 워싱턴도 처음에 미합중국 대통령이 왕이라도 되는 줄 알았다고 하잖아요. 이승만도 본인이 조선과 대한제국의 국성인 전주 이씨의 후손이라는 점에 엄청난 자부심을 가졌다고 하죠. 그러니까 본인이 민주주의 국가의 대통령 신분이었지만, 사실상 왕적인 존재라고 생각했는지도 모르겠어요.

그러나 지금 우리가 내각책임제나 이원집정부제로 전환하기에는 아직 국민적 합의가 안 돼 있다고 생각합니다. 그래서 4년 중임제가 그나마 현재의 제왕적 대통령제를 약간 완화할 수 있는 제도가 아닐까 합니다. 첫 4년 임기 동안에는 재선을 염두에 두고 일하기 때문에 선정(善政)을 펼치거든요. 5년 단임제는 다음이 없다 보니 중임제보다는 독선적이 될 가능성이 높죠.

김현종 임기가 5년이면 흔히 한 3년째까지는 대통령으로서 권한을 행사하는 데 문제가 없다고 하잖아요. 4년 중임제를 하면 첫 임기 3년 차 정도에 저 사람 다음번에 안 될 수도 있겠다 싶으면 그때부터 권력 누수가 발생할 수도 있고, 다행히 재선에 성공하더라도 바로 그때부터 레임덕에 들어가지 않을까요? 그러니까 결과적으로 4년에 끝날 대통령 같으면 3년 차부터 레임덕이 발생하고, 8년을 간다 해도 첫 임기의 후반부와 두 번째 임기의 대부분이 레임덕 기간에 해당하지 않겠냐 싶은데요.

노영민 4년 중임제가 되면 특별하게 잘못하지 않는 한, 첫

4년간은 대통령이 국정 운영에 헌신을 다할 거라고 생각합니다.

김현종 재선이라는 보너스를 받을 수 있으니까 그렇게 한다는 말씀이시군요.

노영민 네. 그리고 국민도 그런 상황이면 현역 프리미엄도 있고 하니 선택하기가 크게 어렵지 않을 거라고 생각해요. 미국도 웬만하면 대부분 재선에 성공하죠. 우리나라도 그렇게 된다고 봐요. 그리고 재선하면 첫 임기 때 완료하지 못했던 일을 마무리 지으려는 노력도 하죠.

그리고 이에 못지않게 중요한 점이 대통령과 의회의 관계예요. 미국 대통령들은 의회 의원들의 전화번호를 끼고 살면서 틈만 나면 통화하지 않습니까? 트럼프는 그러지 않는 것 같지만요. 상원 의원 개개인이 워낙 자기 주관이 뚜렷한 사람이 많은 데다 다수당이 있긴 해도 상원은 그 수가 엇비슷해서 한두 명만 등 돌려도 대 의회 전략에서 큰 차질을 빚게 돼 있어요. 그래서 미국은 항상 대통령이 의원들과 통화하면서 사는데, 우리나라도 그렇게 대통령이 의회를 존중하는 관계가 상시적으로 이루어져야 한다고 생각해요.

물론 그렇게 해도 대통령제가 지닌 본질적 한계, 즉 주권자인 국민의 뜻이 두 군데로 위임되고, 위임된 두 권력이 극단적으로 충돌할 때는 방법이 없어요. 결국 이런 충돌을 중재하고 해결하기 위해 헌법재판소가 만들어지긴 했지만요.

김현종 사실 내각제를 하면 그 두 권력기관 간의 충돌이 없죠. 다수당이 바로 총리를 선출하는 방식이니까요.

노영민 네. 국민의 주권이 하나로 표현되는 형태죠. 국민 중에 누구는 전쟁하자고 하고 누구는 전쟁하지 말자고 하고, 전쟁 중에도 누구는 항복하자고 하고 누구는 결사 항전하자고 한다면, 그걸로 국민의 주권을 두 개로 분리할 수는 없거든요. 이를 고려한다면 국민의 주권, 국민의 권력을 위임받는 곳도 하나여야 한다고 생각합니다.

아무튼 우리나라가 아직은 역사적 경험 때문이든 국민정서 때문이든 간에 내각책임제를 당장 받아들이기는 힘들 것 같고요. 그렇다면 차라리 4년 중임제가 낫다고 봐요. 대통령이 잘못하면 4년만 하고 나가라고 해야지, 5년은 좀 깁니다.

김현종 한 가지 더 묻고 싶은 게 있습니다. 정부통령제와 책임총리제에 대한 견해가 궁금합니다. 4년 중임제와는 좀 다른 거잖아요. 정부통령제와 책임총리제를 좀 더 쉽게 설명하자면 명문화된 넘버 2를 둘 거냐 말 거냐, 그리고 그 명문화된 넘버 2를 부통령으로 할 거냐 책임 총리로 할 거냐 정도가 다른 점이라고 할 수 있겠습니다. 덧붙여서 미국처럼 그냥 부통령을 뽑아놓고 예비 타이어처럼만 쓸 거냐, 아니면 뭔가 고유의 역할을 만들어줘야 하느냐의 이슈도 있을 수 있고요. 그리고 부통령제를 하면 부통령을 미래의 대통령으로 볼까요? 마치 황태자처럼 말이죠. 어떤 방식이 정국 안정 또는 국정 안정성 측면에서 더 보탬이 된다고 보십니까?

노영민 사실 대한민국 초기에 부통령제를 시행한 적이 있었지만 없어진 지 너무 오래 됐잖아요. 그래서 국민에게는 약간 생소한 제도일 겁니다. 부통령이 차기 대권 주자로 인식될 수도 있고 정국 안정에 도움이 될 수도 있겠지만, 그것이 또 혹시라도 권력의 누수 내지 과도한 경쟁의 불씨가 될 수도 있고, 부작용이 생길 여지도 있죠.

김현종 한편으로는 호남 출신 대통령이 영남 출신 부통령을 쓴다든지 해서 결선투표제와 같은 통합 효과를 거둘 수도 있지 않을까요?

노영민 정부통령제는 검토할 만한 가치가 있다고 생각해요.

김현종 이에 대해서는 좀 더 구체적인 견해를 밝혀주시면 좋겠습니다. 현재의 책임총리제를 말 그대로 '잘 적용해서' 역할을 분담하고 권력을 나누면 된다는 쪽인지, 아니면 부통령을 둬서 일정 임무를 떼어주면서 다음도 대비하는 편이 더 나은지, 아니면 대통령과 부통령과 총리 셋이 행정 권력을 나눠서 행사하는 건 또 어떤지요. 어떤 방법이 가장 해볼 만하다고 보시나요?

노영민 일단 총리제는 유지해야죠.

김현종 지금은 총리제가 굉장히 이상적으로 구현돼 있잖아요. 각 부 장관 임명도 총리의 제청에 따라서 하게 돼 있고, 노무현 정부 시절 이해찬 총리 같은 사람은 그런 걸 잘 이용했다고 하고요. 문재인 대통령은 그런 면에서는 권한을 많이 안 줬죠. 그래도 초대 이낙연 총리에게는 좀 줬던 듯한데, 그다음에는 어땠습니까?

노영민 글쎄요. 저희 때는 그래도 제청권과 임명권 사이에서 균형을 맞추려고 애를 썼어요. 그런데 윤석열 정부가 들어서고 나서는 임명권 강화에 힘을 뒀죠. 그래서 소위 제청권과 임명권 사이에 갈등이 있었습니다.

김현종 대통령이 헌법에 규정된 대로 총리의 권한을 보장하는 것이 정국 안정에 도움이 될까요? 아니면 그 권한을 형식적으로 놓고 실제로는 조율이라는 이름 아래 대통령의 사람들을 장관으로 임명하는 것이 정국 안정에 도움이 될까요? 무엇이 옳고 그른지도 중요하지만, 현실적인 판단도 간과해서는 안 되잖아요.

노영민 우리가 흔히 말하는 책임총리에게 그 권한의 상당 부분을 법에 규정된 대로 보장하는 편이 정국 안정에 더 도움이 된다고 생각해요.

김현종 책임총리는 사람들이 굉장히 좋은 개념으로 받아들이더라고요. 이것저것 알아서 해보라고 좀 풀어주는 것도 좋은 방법인 듯하고요. 이야기 나온 김에 한 가지 더 짚고 넘어가죠. 정권이 바뀔 때마다 특히 산하기관장을 비롯한 각종 임기제 공무원들의 임기와 정부의 임기가 불일치하는 데서 오는 국가적 낭비가 있다고 생각하시나요?

노영민 전임 정권이 임명한 사람을 임기제라는 이유로 새 정권에서도 임기가 끝날 때까지 유지하는 거는 좀 아니라고 봐요.

김현종 아무래도 좀 그렇죠. 철학도 네트워크도 다른 사람이 그대로 앉아 있는 셈이니까요. 그러면 일괄 퇴진, 일괄 임명이 더 좋은 방법일까요?

노영민 그런 방법도 있겠지만, 법을 좀 더 보완해서 그 직위에 따라 구분하는 방법도 있죠. 대통령의 국정 운영에서 필수적인 자리는 정권이 바뀌면 새로 임명할 수 있게 하고요. 그렇지 않은 자리, 임기를 보장해줘도 특별히 문제가 되지 않는 자리는 그대로 둬도 되겠죠.

4. 모든 정부의 우선 과제, 검찰 개혁

김현종 검찰 개혁은 어떻게 해야 할까요? 국정 운영 경험이 있는 분의 이야기를 들어보고 싶네요. 비서실장으로 계실 때는 조국 사태가 다 끝난 때였나요? 마지막으로 진행되던 때였나요?

노영민 그때 있었어요. 그런데 검찰이 설립된 이후로 단 한 번도 검찰의 권력을 축소하는 쪽의 개혁이 성공한 적이 없습니다. 그러다 문재인 정부에서 최초로 검찰 권력을 축소한 겁니다. 일단 관련법이 통과됐고요. 제일 큰 게 검찰이 6대 중대 범죄만 직접 수사할 수 있도록 검경 수사권 조정을 했잖아요. 물론 윤석열 정권이 시행령으로 상당 부분 취지를 훼손했지만요. 그리고 검사들의 부정 비리에 대해서 수사할 수 있도록 고위공직자범죄수사처를 설립했죠.

김현종 물론 공수처가 검사들만 수사하는 목적으로 생긴 건 아니지만, 어쨌든 검찰 개혁의 일부라고 할 수 있겠죠. 감찰관실도 제도적으로 강화했나요?

노영민 그렇게 했죠. 엄청난 성과입니다. 해방 이후 단 한 번도 검찰권을 견제하는 기구를 설립하거나 검찰의 수사권 일부를 끊어내서 경찰에 돌려준 적이 없었어요. 하지만 당시에는 문재인 정부의 검찰 개혁이 너무 과도하다고 생각하는 사람도 많았습니다. 정권 바뀌면 검찰이 반드시 보복할 거라는 이야기도 많이 했어요.

김현종 사실상 정권이 바뀌기 전부터 보복이 들어왔죠.

노영민 그렇죠. 이게 근본적인 문제가 뭐냐면, 우리나라가 소위 검찰, 그러니까 검찰총장을 포함한 정무직 공직자의 임기를 법으로 보장하고 있어요. 그래서 검찰총장으로 임명된 이후에는 법적으로 해임을 못 하게 돼 있어요. 이게 제일 큰 문제죠. 지난 대선 때 봤던 김문수 후보의 행보와 똑

같아요. 처음에는 자기가 후보가 되면 한덕수와 즉시 후보 단일화를 하겠다고 했어요. 국민의힘 당원들이 왜 김문수를 뽑았겠어요. 한덕수한테 후보 자리를 양보할 거로 생각하고 뽑은 거죠. 그랬는데 후보로 당선되고 나니까 한동안 만나주지도 않았잖아요. 그렇다고 이미 뽑힌 후보를 약속 안 지켰다고 끌어내릴 수도 없고요. 검찰총장도 마찬가지입니다. 그러니까 그 자리에 취임할 때까지 속내를 감추고 있으면 방법이 없어요.

김현종 그럴 때는 어떻게 해야 하나요? 임기 중에도 해임할 수 있도록 법을 고쳐야 하나요?

노영민 방법은 있긴 합니다. 제도적으로 법무부 장관이 징계위원회를 열어서 징계할 수 있고요. 또 하나는 국회에서 탄핵하는 방법이 있습니다. 이 두 가지 방법밖에 없는데 둘 다 쉽지 않아요. 징계위원회는 징계 대상자가 이의를 제기하면 행정법원에 가서 최종 심사를 받아야 하고요. 탄핵은 헌법재판소에서 통과돼야 합니다. 두 가지 모두 큰 허들을 넘어야 하죠.

김현종 그런데 군인이나 경찰 쪽도 임기가 있지만, 이렇게까지 문제가 안 되잖아요. 결국 검찰이 힘을 갖고 있기 때문에 문제가 되는 거 아닌가요?

노영민 법적으로 군의 인사권은 대통령이 전부 갖게 됩니다. 그래서 필요하면 바로 임면할 수 있어요.

김현종 그런데 왜 검찰은 그렇게 하면 안 되죠? 수사의 공정성을 위해서인가요?

노영민 그 부분은 뭐라 말씀드리기 어렵네요. 직업 공무원들에 대해서는 파면에 해당하는 행위를 엄격하게 규정합니다. 임명하는 것과 보호하는 것은 다르잖아요. 그러니까 만약 검찰총장을 그 자리에서 해임한다는 뜻이 평검사로 돌아간다는 뜻이라면 크게 문제가 안 될 거예요. 대학 총장은 총장직을 그만두고 나이가 되면 평교수로 돌아갈 수 있잖아요. 그런 이치면 큰 문제가 안 될 텐데, 검찰총장은 자리에서 해임이 되면 평검사로 못 가요. 기업으로 따지면 해고나 마찬가지가 돼요. 그러다 보니 법원도 아주 엄격하게 보는 경향이 있는 것 같아요.

김현종 이건 약간 다른 이야기인데요. 김대중 정부 때부터 진보 정권이 세 번 15년을 집권했는데 왜 이렇게 검찰을 다루는 노하우가 없을까요? 김대중 정부 때도 그랬고 노무현 정부 때도 그랬고 문재인 정부 때도 그랬고요. 집권하고 나서 검찰을 이용한 것 말고 또 다른 이유가 있을까요? 이게 가끔 논쟁거리가 될 때가 있어요. 혹자는 이게 다 정치권력이 먼저 검찰에 뭔가를 부탁하기 때문에 모든 왜곡이 시작된 거라고 주장합니다. 그래서 진보든 보수든 그 연결고리부터 먼저 끊어야 한다는 거죠.

노영민 적어도 문재인 정부 때는 우리가 검찰에 부탁한 게 하나도 없었습니다. 그래서 문재인 정부는 검찰 개혁을 그나마 그 정도까지 할 수 있었다고 봅니다. 만약 우리가 먼저 뭔가 부탁했다면 결국 윤석열이 검찰총장에서 대선 후보가 됐을 때, 뭐라도 폭로하지 않았겠습니까? 야당의 누구를 수사하라고 했다든지, 이런 게 하나라도 있었으면 치열했던 20대 대선 때 진작 다 폭로했을 거라고 생각합니다. 하지만 그런 폭로는 하나도 없었어요. 검찰과 관련하여 대통령이 저한테 했던 말은 딱 하나예요. "검찰에 부탁하지 마라. 세상에 비밀은 없다. 결국 부탁했다는 사실 그 자체조차 다 폭로될 것이다. 그리고 검찰 개혁은 수포로 돌아간다."

실제로 그랬습니다. 권력형 비리라던 조국 장관의 사모펀드 관련 혐의는 결국 다 사실이 아닌 것으로 판명되었고, 별건 수사로 야기된 조국 장관 일가의 너무나 안타까운 고난에 대해서는 22대 총선에서의 조국혁신당 약진으로 우리 국민이 검찰과 사법부의 판단에 동의하지 않는다는 의사표시를 했다고 생각합니다.

김현종 검찰 개혁 문제는 넓게는 우리 사회가, 좁게는 우리 정치가 아직도 해결해야 할 문제로 남아 있습니다. 새 정부 역시 이에 관해 많은 고민을 해야 한다고 생각합니다.

5. 한반도 평화와 민주주의의 상관관계

김현종 한반도 평화와 민주주의는 어떤 관계가 있을까요? 그리고 우리의 평화통일론과 북한의 적대적 2국가론에 관해 말씀을 나눠보도록 하죠. 먼저 평화가 정착이 돼야 민주주의도 발전한다는 말에 동의하시는지요?

노영민 민주평화론이라는 개념이 있어요. 이는 미국의 가치외교가 기반으로 삼은 논리예요. 소위 민주주의 국가는 평화를 지향한다는 말이죠. 민주주의 국가는 그 주권이 국민에게 있고, 국민은 평화를 원하지 절대로 전쟁을 원치 않는다. 따라서 민주주의 국가 역시 평화를 원한다는 거죠. 이런 논리인데, 우리나라는 거꾸로 평화가 민주주의를 지키는 역할을 하는 나라라고 할 수 있습니다.

이에 대해 좀 더 설명하자면 한반도 평화와 남북 관계는 지난 3년간 회복이 어려울 정도로 망가졌어요. 한반도 평화를 향한 역대 정부의 성과와 노력은 송두리째 부정됐고, 모든 대화는 단절됐으며, 평화의 안전핀이던 9·19 남북군사합의마저 파기됐어요. 끊임없이 대결을 부추기고 긴장을 고조시키면서 남북이 언제 군사적으로 충돌할지 모르는 위험한 상황으로 치달았죠. 문재인 정부의 비서실장으로 재직했던 입장에서 정말 안타깝게 생각하는 부분입니다.

그리고 평화와 민주주의를 분리해서 생각할 수 없다는 사실을 2024년 12월 3일 비상계엄이 다시 한번 상기하게 해줬습니다. 윤석열 정부가 계엄 선포를 위해 위기 상황을 조성하려고 의도적으로 남북 간의 군사적 충돌을 유발하려고 했다는 정황까지 드러나고 있어요. 이는 과거에도 있었던 일이에요. 분단과 대결을 독재의 구실로, 개인과 사회의 상상력을 억압하는 기제로 작용하게 했죠. 군사적 긴장감을 조성해서 정권의 위기를 막으려고도 했고요. 적대적 공생 관계라고까지 이야기할 정도였어요. 그래서 이제 새 정권은 다시 평화의 길로 나서야 한다고 생각합니다. 평화를 지향하는 유능한 새 정부가 한반도 평화의 역사를 이어 나가고 새로운 한반도 평화 프로세스를 재개하기를 기대합니다.

김현종 전적으로 공감합니다. 그래서 새 정부에서 한반도 평화를 지키고 이를 통해 민주주의를 신장시키려면 대북 정책을 어떻게 바꿔야 할까요? 현재 북한은 말씀하신 대로 적대적 2국가론을 채택해서 가급적이면 서로 터치도 하지 말고 상관도 하지 말자고 하는데, 우리가 기어이 가서 다시 대화하자고 말을 걸어야 합니까? 또 그래야 한다면, 그 처음을 어떻게 시작해야 할까요?

노영민 평화를 위한 노력 중에서 제일 중요한 일이 대화의 재개입니다. 물론 지금 우리가 대화하자고 나서기가 현실적으로 쉽지는 않습니다. 2023년 12월 말에 북한의 김정은 총비서가 노동당 전원회의에서 남북 관계를 동족 관계가 아니라 적대적인 두 개의 국가 관계로 규정했으니까요. 이 적대적 2국가론의 제시는 상당히 심각한 사건일 수밖에 없는데요. 과거 김일성·김정일 시대는 물론이고 김정은 시대 초기까지만 해도 영구 분단을 입 밖에 낸다는 것은 북한에서도 상상할 수가 없는 일이었죠.

김현종 그래도 어쨌든 남북 대화를 재개하긴 해야겠는데, 두 가지 측면에서 문재인 정부 때나 노무현 정부 때보다 상황이 더 안 좋아진 것 같습니다. 첫째로 한국의 효용 가치가 떨어졌어요. 무슨 말이냐 하면, 경제 교류나 무기나 기술 교류에서 중국과의 관계가 계속 발전하고 있고, 러시아가 또 새롭게 들어오면서 상대적으로 한국의 효용 가치가 많이 내려갔습니다. 지금 러시아에만 북한 벌목공이 몇만 명씩 나가 있다고 하는데, 이거 다 외화벌이죠. 둘째로 트럼프 정부는 북한과 직접 대화를 통해 한반도 문제를 좀 더 근본적으로 개선하는 식의 해결법을 추구할 가능성이 있다고 봐요. 남한을 하이패스 하는 방식을 추구하고 있습니다.

이런 상황에서 대화를 하자고 한들 과연 북한이 응할지 의문입니다. 그렇다면 결국 남북문제는 이미 한국의 손을 떠난 게 아닌가 싶어요. 문재인 대통령이 평창 동계올림픽에 북한의 참가를 설득하던 때하고는 또 많이 달라졌죠. 그런데도 남북 대화가 가능하겠습니까? 결과적으로 헛심 쓰는 일이 되지는 않을까요? 당분간은 그냥 내버려두는 게 더 낫지 않을까요?

노영민 그래서 나온 대안이 바로 평화적 두 국가론입니다. 이는 통일을 위해 통일을 포기하자는 논리입니다. 남북한이 통일에 이르기는커녕 적대적 관계를 해소하지 못하고 있는 현 상황의 원인을 통일을 지향하는 특수 관계에서 찾고 있는 거예요. 통일을 당위적으로 보는 특수 관계에 묶여 있는 한 북한은 흡수 통일에 대한 공포에서 벗어날 수 없고, 결국 핵 개발 등의 체제 유지 수단에 더욱 매달릴 수밖에 없다는 겁니다. 이런 논리는 최근이 아니라 이미 30여 년 전부터 정치권과 학계에서 제기됐어요.

김현종 통일을 빼야 통일이 된다는 주장인데, 아직 새 정부의 공식 입장은 아니죠.

노영민 정부의 공식 입장은 아니지만, 그래도 이를 강력하게 지지하는 사람이 일부 있죠. 물론 북한이 적대적 2국가론을 내세우며 공격성을 감추고 있지 않는 상황인데 여기에 우리조차 두 국가론을 들고나와서 각자도생의 길로 가자고 하면, 어떻게 남북 관계가 평화에 더 가까워질 수 있겠느냐고 말하는 사람도 있을 겁니다. 오히려 어떤 형태로든 충돌할 가능성이 지금보다 더 높아지지 않겠느냐고 우려하는 사람도 있을 거고요. 물론 남북한이 서로 통일을 포기하고 영구적인 두 국가를 선언한다고 해서 우리가 총부리를 맞대고 있는 국경이 멀어지지도 않을 거고, 북한 주민의 생존과 김정은 체제의 유지를 위협하는 대북 제재가 풀리지도 않을 겁니다.

그렇다면 도대체 왜 이 두 국가론이 끊임없이 제기되고 있을까요? 최근 북한이 적대적 2국가론을 천명했기 때문에 그렇게 된 부분도 있지만, 우리 남쪽에서도 이런 논리가 영향력을 얻는 이유는 젊은 세대로 갈수록 심해지는 통일에 대한 무관심과 부정적 인식이 밑바탕에 깔려 있다고 봐요.

서울대학교 통일평화연구원이 2023년에 시행한 통일의식 조사에 따르면, 만 19세에서 29세까지의 응답자 중에서 통일이 필요하다는 답변은 28.2%에 불과했어요. 필요하지 않다는 답변은 오히려 41.2%로 더 높았습니다. 60대 이상에서는 같은 질문에 대해 각각 51.3%, 20.7%가 응답한 것과는 큰 차이를 보였어요.

김현종 현실이 그렇다고 해서 정치권과 정치 지도자들이 젊은 사람들의 생각을 그대로 따라간다면 무책임한 거죠.

노영민 그렇죠. 남북 관계를 지금 이대로 방치하면 통일에 대한 부정적 여론은 점점 더 커질 거예요. 그러면 우리 헌법에 규정된 평화통일도 더는 공동의 목표나 지향점이 될 수 없겠죠. 국민 다수가 동의하지 않으면요. 평화통일을 우리의 사명으로 명시한 헌법 전문과 관련 조항을 개정하자는 주장이 점점 강해질 테고, 그런 요구가 현실화되는 것이 바로 한반도 두 국가 체제입니다.

  하지만 두 국가론으로 가면 한반도 문제의 불확실성과 외부 규정력이 더 커질 수밖에 없어요. 지금까지 우리는 2차 세계대전 이후에 한반도가 강대국들에 의해 분단됐고 원래 남북한은 두 개의 국가가 아니라 하나의 민족이었다고 주장하면서 한반도 내부 문제에 대한 발언권을 유지해왔어요. 경제 문제에서도 우리는 남북한의 교역을 예외로 인정해야 한다고 다자 간 협상에서도 주장했고, 일부는 또 받아들여졌습니다. 그랬는데 앞으로 남북한 모두 적대적이든 평화적이든 두 국가 체제를 선언하는 순간 그런 권리는 보장되지 않을 겁니다.

김현종 지금은 두 국가 체제 선언을 미루느냐 하지 않느냐가 중요한 일이 아닌 듯해요. 어떻게 다시 북한을 대화 테이블로 끌고 나올 것이냐가 훨씬 더 중요하죠.

노영민 그래서 개인적으로 두 가지를 생각해봤어요. 두 가지 모두 남북 간의 대화를 재개하는 것이 중요하다는 당위에서 출발해요. 남북 관계가 현재 최악의 상황에 부닥쳐 있고 도저히 대화할 분위기도 아니고 서로 간의 필요성도 없는 것 같다지만, 바로 이때야말로 대화의 노력이 더욱더 필요한 때라는 사실을 인정해야 합니다. 그리고 그 출발점은 9·19 남북군사합의의 복원이라고 생각해요. 한반도에서 전쟁은 우발적 충돌로도 촉발될 수 있다는 점을 잊으면 안 됩니다. 그리고 또 하나는 9·19 남북군사합의의 복원뿐만이 아니라 북한이 언급한 2국가론을 위해서라도 종전 선언이 필요합니다. 종전 선언이 북한에서 주장하는 2국가론을 뒷받침하는 이유가 될 수도 있지만, 그래도 이 종전 선언을 위해 양자 대화를 재개할 수 있다면 나쁘지 않다고 생각해요.

김현종 2국가론을 위한 종전 선언, 남북 대화를 위해서라면 좋은 방법이 될 수도 있겠네요. 그런데 종전 선언을 하려면 중국이 들어와야 하잖아요.

노영민 중국은 당연히 들어오죠. 이 종전 선언에 관해서는 언제가 될지 모르겠지만, 본격적으로 얘기할 기회가 있으면 좋겠어요. 일단 종전 선언에 대한 한국의 입장, 미국의 입장, 중국의 입장, 북한의 입장이 각자 다르기도 하고 같기도 합니다. 서로가 혼재돼 있어요. 그중에서 제일 중요한 한국의 입장은 종전 선언이 한반도의 평화 구상을 위한 의미 있는 조치로서 북한의 핵 문제뿐만이 아니라 북미 관계의 정상화를 위해서도 중요한 계기라고 보는 겁니다.

또한 종전 선언은 6·25 전쟁의 법적·제도적 종결을 뛰어넘어서 상호 적대관계를 종식하고 평화 체계를 구축하겠다는 공동 의지의 표명 및 방향 제시 차원의 정치적 선언으로 추진해야 할 일이고요. 사실 2007년 노무현 정부 때 합의했던 10·4 남북공동선언에도 3자 또는 4자에 의한 종전 선언을 추진한다고 돼 있었어요. 그때도 3자는 남북미였고, 4자는 남북미중이었습니다. 남북미가 추진하되 중국이 함께하겠다면 할 수 있다는 뜻이 담겨 있었죠.

이에 관해 미국은 당시는 물론 트럼프 1기 초기까지도 긍정적이었습니다. 트럼프가 2018년 6월 8일에 "한국전은 거의 70년이나 지속됐다. 정상회담에서 종전 선언 서명도 가능하다"라고 했어요. 그리고 그해 7월 31일에 남북미 정상회담에서 남북미 3국 간의 종전 선언을 제의했습니다. 그런데 이후에 미국의 입장이 변했죠. 미 국무부 입장이 완강했어요. 우리가 알기로는 그랬습니다. 미 국무부의 입장은 다음과 같았습니다. '북한이 비핵화하지 않은 상태에서 한국전쟁의 종전을 선언한다면, 북한을 사실상 핵보유국으로 승인하는 결과가 초래되므로 향후 비핵화 협상이 핵 군축 협상으로 변질될 우려가 있다. 따라서 북한이 본질적으로 비핵화 조치를 취하지 않은 상태에서 종전 선언은 쉽지 않은 결정이다.'

그러면 중국의 입장은 뭐냐. 중국은 종전 선언에 반대하지 않아요. 싱가포르 북미정상회담 때 우리는 유사시에 대통령이 싱가포르로 날아갈 수 있도록 준비하고 있었어요. 3자가 종전 선언을 사인하기로 합의가 되면 곧바로 가려고 했는데 협상이 깨졌죠. 원래 중국은 종전 선언에 반드시 자기들이 참석해야 하고, 중국을 배제한 합의는 무효라고 주장했어요. 자기들도 정전협정 당사국이라고 하면서요. 그런데 싱가포르 북미정상회담 때는 자기들이 빠지는 데 대해 동의했어요. 왜냐하면 시간도 촉박했고, 이번에 못 하면 진짜로 못 할지도 모른다고 생각해서 당시 정의용 실장이 중국을 제외한 3자 종전 선언의 불가피함에 대해서 설명하고 중국 측의 양해를 얻었어요. 물론 지금은 다시 원래대로 입장을 바꿨죠.

그러면 북한은 어떻게 생각하고 있는지도 알아야 하잖아요. 김여정은 종전 선언에 대해서 뭐라고 했냐면 "장기간 지속되고 있는 조선 반도의 불안정한 정전 상태를 물리적으로 끝장내고 상대방에 대한 적대시를 철회한다는 의미에서의 종전 선언은 흥미 있는 제안이고 좋은 발상이다"라고 했어요. 이렇게 북한도 종전 선언에 대해서는 긍정적이었고, 중국도 잠시나마 긍정적이었고, 트럼프도 초기에는 긍정적이었는데, 결국 미 국무부가 반대하면서 존 볼턴이 회담장에 합류했고 그러면서 종전 선언이 이루어지지 않았죠.

종전 선언에 숨겨진 의미가 또 있어요. 한반도에는 세 개의 국가가 존재합니다. 남한과 북한, 그리고 비무장지대 남측 지역이에요. 비무장지대 남측 지역은 국제법상 미국의 영토라고 볼 수도 있습니다. 영토와 주권과 국민을 다 가지고 있어요. 우리 대통령이 남북정상회담 등을 위해 비무장지대를 건너 북으로 가려면 유엔군 사령관을 겸하는 주한미군사령관에게 허가를 받아야 합니다. 종전 선언이 영토 회복을 위한 전 단계로서의 의미도 있습니다.

5장

인구경제론:
인구 오너스 시대를 헤쳐 나가는 법

민병두 × 김현종 대담 ②

· · ·

우리는 대축소 사회에 살고 있다. 20세기 중반, 인구 면에서 보면 우리나라는 대폭발의 사회였다. 베이비부머로 표현되는 인구 증가가 경제성장과 맞물려 긍정적 효과를 불러온 인구 보너스의 시대였다. 지금부터 반세기 이상은 그 역의 시대가 된다. 초저출산과 초고령화로 인한 인구 감소와 경제성장률 저하가 맞물려 인구구조가 부담이 되는 인구 오너스의 시대가 된다. 인구 오너스로 인한 노동력 감소, 시장 축소, 재정비용 증가 문제가 한국 경제의 구조적 짐이 된다.

1. 한국, 어디에서 와서 어디로 가나?

김현종 인구 문제는 이제 피할 수 없는 상황이 됐습니다.

민병두 1958년에 태어난 저는 가장 다이내믹한 나라를 살아온 세대입니다. 1950년 전후에 전 세계에서 가장 가난한 나라로 시작해서 선진국 문턱을 넘어왔고요. 그 문턱에서 다시 주저앉을 수도 있는 미래를 후세대에 넘겨주고 가는 세대입니다. 미래 세대의 입장에서 보면 희망을 잃어버린 세대라고 할 수 있죠. 이미 성장은 멈췄고요. 퓨 리서치 센터를 포함한 몇 군데에서 2050년 세계경제 규모에 관한 예측 조사를 했는데, 한국은 20위권 초중반대에 속할 것으로 봤어요. 베트남, 파키스탄, 나이지리아 같은 나라보다도 밀리는 나라로 나옵니다. 그럴 수밖에 없는 여러 요소가 있지만, 가장 결정적인 게 잠재 성장력을 제한하는 인구 문제죠.

김현종 우리나라 인구가 어느 정도가 적정한가에 대해서는 논란이 있습니다.

민병두 인구 문제를 너무 쉽게 이야기하는 사람이 많습니다. 인구가 준다고 나라가 망하겠냐, 환경도 좋아지고 오히려 더 좋은 나라가 되는 거 아니냐고도 합니다. 어느 정도가 적정 규모인지 정답은 없어요. 주목할 점은 인구 규모가 아니라 인구 감소의 속도와 구조의 문제입니다. 심각합니다. 지금과 같은 속도로 인구가 줄어들면 나라를 지탱하기 어려워집니다. 2050년이 되면 60세 이상 인구가 거의 절반을 향해 가요. 나라를 지키는 군인도 부족하고, 식량 안보도 위협받고, 노동력도 부족하고, 건강보험과 국민연금 나아가 국가 재정도 위태로워지죠. 역삼각형 인구구조는 미래 세대에게는 심각한 짐이에요.

정치는 과거로부터 누적된 문제를 해결하고 미래로부터 오는 도전을 헤쳐 나가는 일입니다. 그중에 인구구조에서 오는 과제와 도전을 등한시하고 있는 것이 우리 실정입니다. 저출산·고령화위원회를 만든 지 20년이 지났는데도 제대로 된 해법을 제시하지 못하고 있어요. 2050년, 2075년, 2100년 예상되는 인구 규모와 구조가 여러 시뮬레이션을 통해 나와 있습니다. 지금부터 시작해서 2075년까지 50년이 고통의 터널일 것으로 예상합니다. 이때부터 역산해서 사회 곳곳의 구조를 바꾸는 일을 해야 합니다.

김현종 유엔에서는 인구 감소로 인해 소멸하는 지구상의 첫 번째 국가가 될 것이라고 경고하고, 또 어떤 이들은 한국이 '폭망'했다고 위기론을 조장하기도 하는데 그 정도로 심각한가요.

민병두 산업화 시대, 정보화 시대의 베이비부머는 우리 사회 성장의 원동력이었지만, 21세기 중반에 되면 이들은 사회의 부담이 될 것입니다. 2020년 전후 10년간 최악의 출산율 시기에 태어난 세대가 노인이 되어가는 2075년 전후가 되면 인구구조는 막대형, 혹은 가파른 정삼각형 구조가 되어서 안정을 찾을 겁니다. 합계 출산율이 1.3에서 1.7 정도로 복원되었을 때를 가정해서 하는 얘기입니다.

 문제는 그사이, 지금부터 50년 정도가 문제인 거죠. 이 시기를 잘 관리하지 못하면 국가의 잠재 성장력이 떨어져 반전이 힘들어지고, 미래 세대와 은퇴 세대의 갈등이 최악이 될 수 있습니다. 그래서 앞으로 50년을 잃어버린 시기로 방치할 것이냐, 아니면 사회구조 전환으로 경쟁력을 회복하고 안정적인 선진사회로 진입시킬 것이냐 하는 굉장히 도전적인 과제가 놓여있다고 보는 것입니다.

김현종 정치권에서는 선거 때만 되면 우리나라를 G2, G5, G7에 가입시키겠다고 하잖아요.

민병두 우리나라가 몇 년 전에 세계에서 일곱 번째로 30-50클럽에 가입했다고 자축한 일이 있었습니다. 1인당 국민소득 3만 달러, 인구 5,000만 명 이상의 국가가 되었다는 거죠. 축하할 만한 일이기는 한데, 얼마 안 가서 인구는 5,000만 명 이하로 줄어들게 되어 있습니다. 그리고는 아마도 다시는 30-50클럽에 들어가는 일은 없을 겁니다. 결국은 우리에게 맞는 목표를 다시 설정해야 합니다.

2. 백세 사회 평생 활동이 목표

김현종 한국의 미래에 관해 논할 때 빠지지 않고 등장하는 이슈가 바로 초고령화 시대를 어떻게 대비해야 할 것인가에 관한 문제입니다. 지금 이 순간에도 한국은 빠르게 늙어가고 있는데, 어떤 대책을 세워야 하고 어떻게 극복해야 할까요?

민병두 세계 역사상 유례없는 초고령 국가가 될 거라고 하잖아요. 우리나라가 조만간 일본보다 더 장수하는 사회가 될 거라는 예측도 있어요. 우리보다 앞서 초고령화 사회를 경험한 일본에서 70세 사망을 강제하는 소설(《70세 사망법안, 가결》)이나 영화(〈PLAN 75〉)가 나와서 화제가 된 적이 있어요. 그만큼 심각하다는 거죠.

백세 사회, 백세 시대는 큰 도전입니다. 아무런 대책 없이 가게 되면 재앙이겠지만, 잘 준비하면 축복이 됩니다. 어떤 백세 사회를 건설할 거냐 하는 문제가 중요한데, 지금 우리 인프라는 경로당하고 요양원밖에 없죠. 50년 전의 인프라가 그대로 유지되고 있지요. 과거에는 인생칠십고래희였는데 지금은 70세가 누구나 사는 기본이 되었어요. 그런데 집에 있으면 할 일이 없고 나가면 갈 데가 없으면 곤란하지 않겠어요. 사회 인프라를 바꾸어야 합니다.

김현종 OECD 국가 중에서 한국이 평균 수명과 경제 수명, 건강 수명, 행복 수명의 간격이 가장 긴 나라라고 합니다.

민병두 백세 사회에서는 사람들이 평생 일하고, 평생 배우고, 평생 여가 활동하는 구조를 만드는 게 굉장히 중요하다고 봅니다. 지금 우리나라는 65세 전후가 경제 수명이에요. 평균 기대 수명은 82.7세(2022년 출생 기준)입니다. 그 간격이 20년 가까이 돼요. 노후에 대한 경제적 준비가 없어서 가난하게 인생을 마무리한다는 얘기이죠. 금융 연금이 부실해서 골골거리다가 인생을 마무리한다는 얘기입니다. 노후에는 할 일이 없어서 삶의 질이 떨어진다는 것인데, 개인은 물론이고 국가적으로도 불행한 일이죠.

노년기를 세 시기로 구분할 수 있습니다. 초기 고령화(60세~75세), 중기 고령화(75세~85세), 말기 고령화(85세 이후). 백세 시대에 가장 이상적인 것은 초기 고령화 시기를 최대한 늘리는 것입니다. 행복 수명, 건강 수명, 경제 수명을 평균 수명에 가장 가깝게 하는 것입니다. 쉽게 말하면 9988234(99세까지 88하게 살다가 2, 3일 고생하고 4일 만에 죽는다)이죠. 개인의 노년이 즐거워지는 것은 물론 가족과 사회의 비용이 절감됩니다. 국가의 복지 비용 부담이 줄어들고 미래 세대의 어깨가 덜 무거워집니다. 그러기 위해서는 평생 학습, 평생 활동의 시대를 열어야 합니다. '웰리타이어링(well-retiring)'이 중요한 사회적 화두가 되는 것이죠.

김현종 100세를 넘긴 철학자 김형석 교수 같은 분은 돌이켜 보니 초기 고령화 시기가 가장 행복했다고 기억하던데요. 부모, 자식 부양 부담에서 벗어나고, 직장에서 더 이상 구속되거나 경쟁하지 않고 오직 자기 자신만을 위해서 살 수 있는 시기였다고 의미를 부여했어요.

민병두 1970년대에 들어서서 서구사회에서는 새로운 발견을 하게 됩니다. 나이 50이 넘었는데도 건강한 노인들이 너무 많다는 사실에 주목하게 되었어요. 영국 사회철학자 피터 라슬렛이 《새로운 삶의 지도(A Fresh Map of Life)》라는 책을 통해 '세 번째 인생의 시기(3rd age)'의 출현에 대해 논했어요. 중년과 노년 사이에 인생의 주기가 하나 더 있다는 것입니다. '50+'라는 개념이 나오고 '신중년(Active Senior)'이라는 조어도 만들어졌습니다. 신중년은 506070의 초기 고령화 연령대에 걸쳐 있는데, 저는 인생에서 성숙한 시기라는 뜻으로 '숙년기'라는 말을 선호합니다.

김현종 백세 사회가 되면서 삶의 패턴도 당연히 변화할 수밖에 없는 것 아닌가요.

민병두 여생을 살다가 간다는 말도 이젠 옛말이 되었어요. 수명이 길어지다 보니 숙·노년기의 삶이 인생에서 가장 긴 시기가 되었습니다. 부모 밑에서 준비 기간 25년, 독립하여 은퇴까지 경제생활 35년, 그리고 은퇴 이후 40년을 살게 되니 여생이 아니라 본생을 살게 된다고 해도 과언이 아닙니다.

단계적으로 정년을 연장하고, 계속해서 일하기를 원하는 사람이 일할 수 있도록 하는 환경을 만들어야 합니다. 재교육과 일자리 창출이 정부가 할 일입니다. 지금의 일자리는 정부 용역형(공원 정리, 경로당 점심 식사 당번, 학교 앞 교통정리)과 사회 서비스형(노인이 노인을 돌보는 '노노케어')인데요. 시장형은 지하철 무임승차를 할 수 있는 고연령층의 택배 노동이나 임계장(임시계약직 노인장)이 대부분입니다. 일주일에 몇 시간씩 일하면 한 달에 몇십만 원이라도 벌 수 있는 '미니 잡', '스몰 잡' 등 시장형 일자리가 많이 발굴되어야 합니다.

1970년대에 유럽에서 중장년 대학인 U3A(University of 3rd Age)가 만들어졌는데 그중에서 가장 성공한 나라가 영국입니다. 영국 U3A는 전국 1,035개 캠퍼스에 회원 수가 40만 명입니다. 연간 회비를 내면 전국 어느 캠퍼스에 가서든 어떤 과목도 들을 수 있어요. 학생들이 강의를 조직하고, 자신이 강의할 재능이 있으면 강사로 나설 수 있습니다. 이를 통해 존재감, 기능감, 효능감을 느낄 수 있죠. 동창회와 커뮤니티

활동도 지원해 사회적 '연결'을 돕습니다. 일방적으로 강의를 듣고 헤어지거나 온라인으로만 듣는 형태가 아닙니다. 가장 진보된 배움의 형태라고 할 수 있습니다.

경제력 있는 베이비부머가 대거 쏟아져 나오면서 평생 유희, 소셜라이징(사교)이 새로운 현상이 되고 있습니다. 대부분의 직장인은 은퇴하고 5년 이내에 기존 인간관계의 90%가 사라진다고 합니다. 사회적 고립감을 느끼게 되는 겁니다. 요즘의 액티브 시니어는 적극적으로 인생을 즐기고 싶어 합니다. 성취감을 맛보게 해주어야 진정한 즐거움이 있습니다. 시니어 모델, 바디 프로필, 시민 연극(생애전환 연극), 작사 교실(싱어송라이터) 등과 같은 것이 크게 인기를 끌고 있습니다. 전국에 시민연극단이 수천 개가 되고, 패션쇼를 할 수 있는 공간이 수백 개는 되어야 합니다. 평생 학습, 평생 활동의 사회를 구축하기만 해도 국가 경쟁력이 크게 제고될 것입니다.

김현종 그렇게 중요한 문제인데 그동안 정부는 임플란트 지원 등 시니어 부양 부조에만 초점을 맞추는 정책에 집중했던 것이네요.

민병두 그게 문제의 본질입니다. 부양 부조로는 한계가 있어요. 그런 방식으로 백세 사회를 설계하게 되면 그 부담은 모두 미래 세대가 지게 되어있어요. 앞으로 국가 경쟁력은 백세 사회를 어떻게 설계하는가에 달려있어요. 효율적이고 건강하고 기능적인 백세 사회가 국가 경쟁력입니다. 산업 경쟁력만 경쟁력이 아닙니다. 삶의 질도 경쟁력이라는 점을 명심해야 합니다.

우리나라는 중국의 추월이라는 차이나 쇼크, 통상 전쟁으로 세계 질서를 재편하는 트럼프 쇼크, 남북의 긴장과 갈등, 그리고 국민 분열과 갈등에 대해서는 누구나 그 심각성을 인지하고 있습니다. 백세 사회를 포함해 5대 도전과 과제를 해결할 능력이 있어요. 그중에 돈도 가장 덜 들고, 기본적인 인식만 바꾸면 해결할 수 있는 것이 백세 사회 문제입니다. 사람과 사회를 건강하게 하면 되는 거잖아요. 이것을 방치하다가 돈과 재정으로만 문제를 해결하려고 하면 적자가 눈덩이처럼 불어나게 되어 있습니다. 세계에서 가장 건강한 백세 국가를 만들어야 해요. 그렇지 않으면 노인 경시, 노인 혐오 같은 새로운 사회문제만 쌓여갑니다.

3. 이민 국가가 답인가

김현종 노동력 부족과 저출산 문제 해결을 위해 정부는 이민을 정책적으로 적극 고려하고 있습니다. 해법이 될까요.

민병두 인구 감소 문제의 해결 방안은 이민입니다. 하지만 저출산 문제의 해법이 이민은 아닙니다. 다출산 국가에서 이민을 온 경우라고 할지라도 결국은 정주 국가의 출산율에 귀속되게 됩니다. 출산율은 그 사회의 사회·경제 환경과 문화에 영향을 받기 때문이죠.

윤석열 정부 때 이민청 설립을 추진한 바가 있습니다. 출입국 관리에서 이민으로 전환한다는 애기이죠. 노동력 감소와 시장 축소라는 불안한 미래에 대응하는 것으로 결국은 새 정부도 이민청 설립을 고민할 필요가 있습니다.

김현종 이민 문호를 지나치게 개방해서 취업이나 영주권 취득을 한꺼번에 많이 늘리기보다는 국가가 돌봄 서비스 등을 지원해서 고용을 창출하고 그걸로 잠재성장률을 다소나마 높이면서 국민의 통합성을 유지해나가는 게 현실적인 방안이 아니겠느냐는 의견이 있습니다. 지금 한국의 상황과 정서적인 면을 고려하면 전부 개방했을 때 더 큰 혼란이 예상된다는 건데요. 이에 대해서는 어떻게 생각하는지요?

민병두 이민은 긍정적인 점과 부정적인 점이 모두 있습니다. 영국, 독일 등 이민을 통해서 부족한 노동력을 보완하려고 하는 국가들이 공통으로 겪는 사회 갈등을 도외시할 수 없습니다. 스웨덴은 치안 문제로 골머리를 잃고 있고, 미국은 인종 갈등이 갈수록 심화하고 있죠. 부족한 노동력은 여성의 경제활동과 노년 인구의 재취업을 통해서 해결하는 것이 정답입니다. 유엔도 지속 가능한 사회가 되려면 그렇게 해야 한다고 같은 이야기를 해왔고요. 유럽에서는 그걸 목표로 삼아서 지금까지 노동시장을 변화시켜 왔습니다.

세계에서 여성의 대학 진학률이 가장 높은 한국에서 여성의 경력 단절이 가장 높다는 것도 문제입니다. 이것은 가장 큰 사회적 낭비입니다. 여성들이 보육과 양육의 부담에서 독박을 쓰는 사회구조를 바꿔야 합니다. 육아휴직의 남녀 공동 사용을 의무화하는 등 지속적으로 남녀가 평등한 사회구조를 만들어야 합니다.

김현종 일본에서는 간병 인력을 외국에서 수입하여 단일민족 국가를 포기했다고 하는데요.

민병두 한국은 인구통계학적으로 이미 다문화국가가 되었습니다. 한국인들이 기피하는 농업과 일부 제조업 분야에 외국인들이 많이 들어와 있지요. 우리 경제에 활력을 불어넣어 준 긍정적인 점이 있습니다. 다문화 2세대로 병역 의무를 마친 숫자가 누적 통계로 1만 명을 넘어선 지 오래 되었습니다. 인구구조가 그렇게 변화하는 것에 순차적으로 적응해왔습니다. 그리고 외국인 노동자들이 일하는 영역이 구분되어 있어서 지금까지는 사회 통합을 유지하고 경제에 활력을 불어넣는 역할을 했습니다.

우리처럼 단일민족을 유지했던 일본도 얼마 전에 간병 인력의 영주권 허용을 추진해서 사회적 이슈가 된 일이 있습니다. 우리는 간병 인력을 주로 조선족 중국 동포를 통해 보충해왔는데 이것도 얼마 안 있으면 공급이 제대로 되지 않을 겁니다. 그들도 나이가 들을 만큼 들었고, 그 자녀들은 부모가 한국에서 고생해서 번 돈으로 다른 직종에 진출해 있습니다. 필리핀에서 가사 보조인을 들여오는 것보다 더 시급한 것이 간병 인력일 수도 있지요. 그래서 앞에서 건강한 백세 사회 설계를 강조했던 것입니다.

김현종 가장 중요한 것은 첨단 인력, 혁신 인력이 한국에 들어와서 일하게 하는 것 아닌가요.

민병두 역대 정부가 AI나 반도체, 바이오 등 첨단 분야 인력을 육성한다고 합니다. 윤석열 정부가 의대 입학 정원을 연간 2,000명으로 늘리려고 했잖아요. 그러면 AI나 반도체 분야에서 일할 사람은 어디서 구하는지가 문제입니다. 정말 한치 앞을 내다보지 못한 정책이었습니다. 절대 인구가 줄면 모집단이 줄어드니까 거기서 키워낼 수 있는 양질의 우수한 인력 자체도 줄어듭니다. 그러니 우리에게 꼭 필요한 미래의 혁신 인력과 우수 인력이 분야별로 어느 정도인지 계산해서 교육 개혁이나 이민 문제를 다뤄야 합니다. 이공계 정원도 대학별, 학과별로 다 묶여 있고 그걸 허물어주지도 않잖아요. 수십 년 전의 분류와 규제에 묶여 있습니다. 중국은 첨단 산업 별로 100만 명씩 인재를 육성한다고 하는데 우리는 혁신 인력을 어디서 구할까요. 결국은 이민을 통해서 구할 수밖에 없습니다.

김현종 좋은 인력이 올 수 있는 매력적인 나라를 만들어야 하지 않나요. 그것이 이민 정책의 핵심 아닌가요.

민병두 외국인들이 한국을 매력적인 국가로 생각하게 해서 이민을 오게 해야겠죠. 전 세계 국가 중에도 혁신 인력을 공급하는 나라가 있을 거고, 혁신 인력이 가장 가고 싶어 하는 나라도 있을 거잖아요. 한국은 OECD 30여 개국 중에 혁신 인력 이민 순위가 27~28위 정도예요. 미국, 캐나다, 호주, 싱가포르에 비해서 선호도가 크게 떨어지지요. 인도는 대표적 혁신 인구 공급 국가입니다. 미국 실리콘밸리와 캐나다에 가면 인도 사람들을 많이 볼 수 있지요. 캐나다는 아예 인도에서 공학을 전공한 사람을 이민 쿼터에서 우선적으로 배정하도록 정책을 바꾸었습니다. 지금 캐나다가 한 해에 이민을 50만 명쯤 받는데, 그중 27%가 인도 사람이에요. 인도에서 제일 좋은 공대를 나온 사람들이 캐나다로 갑니다. 결국은 정주 국가의 삶의 질이 첨단 인력의 유입을 결정합니다.

김현종 한류 덕택으로 요즘은 K팝, K푸드 등 한국이 매력적인 나라로 부상하고 있지 않나요.

민병두 우리가 한류에 너무 취해 있으면 안 돼요. 예전에 우리보다 앞서 홍콩류(流)가 있었고 일본류도 있었는데 전부 사라졌어요. 2005년 국회에서 동남아 출장 갔다 와서 '한류, 이대로 가면 5년도 못 간다'라는 보고서를 작성한 일이 있었어요. 1차 한류의 위기를 예측한 보고서였지요. 반향이 커서 범정부 대책회의를 열 정도였지요. 그 후 한류 콘텐츠에 많은 변화가 생겼어요. OSMU(One Source Multi-Use) 가능한 만화, 게임, 웹소설 등으로 한류 분야가 확장되었지요. 우리가 BTS, 〈기생충〉, 〈오징어게임〉에 마냥 취해 있으면 안 됩니다. 한국 사람들이 비교하기를 좋아하다 보니 지금은 가짜 우월감을 느끼고 있는 상황이라고 봐요. 한국이 더 매력적인 국가가 되지 않는다면 매력적인 이민 국가가 될 수 없어요.

전 세계 혁신도시 지수를 살펴보면 실리콘밸리가 압도적으로 1위고, 런던, 뉴욕 같은 도시가 최상위권에 들어가 있어요. 10년 전만 해도 서울은 20위 안에 들어간 적이 없어요. 요즘은 달라지긴 했을 겁니다. 독일에서 가장 생기 없는 도시 중 하나였던 베를린이 상위권에 들어가는 일이 있었습니다. 베를린 시장이 변화를 도모해서 동·서유럽의 젊은 이들이 머물기 좋은 도시로 탈바꿈했어요. 동유럽에서 IT를 잘하는 청년들, 서유럽에서 놀기 좋아하는 청년들이 몰려와서 문화적 융합이 일어났습니다.

한국이 크게 매력 있는 나라는 아닙니다. 외국 사람들이 잠깐 와서 즐기기엔 괜찮을지도 몰라요. 하지만 몇 년 후에도 그럴지는 알 수 없죠. 언어는 소통하기 편한가? 기업 하기 좋은 나라인가? 중국이나 일본만큼 흥미로운가? 싱가포르만큼 혁신적인가?

김현종 지금은 한국이 중국이나 일본보다는 뛰어나지 않나요? 오래 축적된 역사나 그런 거 말고 현대적인 면은 그래도 우리가 괜찮지 않느냐는 거죠.

민병두 몇 년 전에 국회를 세종시로 이전하고 국회의사당을 세계적인 4차 산업혁명 캠퍼스로 사용하자고 제안했습니다. 국회의사당을 과학의 전당과 창업의 전당으로 만들면 어떨까? 국회의사당에 창업 캠퍼스를 만들고 국회 본회의장 예결회의장에서는 매일 같이 경제학자 총회, 화학자 총회, 물리학자 총회, 벤처기업 총회가 열린다면? 국회도서관을 워싱턴의 스미소니언 박물관이나 과학관 같은 것으로 만든다면? 국회의 각종 부속 건물을 창업 센터로 만든다면? 동여의도의 금융과 서여의도의 4차 산업혁명이 만나게 해주는 겁니다.

정말 매력적인 공간 재창조에 대해서 생각해볼 때입니다. 매력이 있어야 사람이 모입니다. 국회를 세계적인 4차 산업혁명 캠퍼스로 바꾼다는 것은 우리나라를 통째로 재탄생, 재창조한다는 의미를 내포하고 있습니다. 권력의 심장을 미래의 심장으로 바꾸는 것이죠. 국회의사당은 한 가지 예에 불과합니다. 가장 혁신적인 국가가 되는 것이 다국적 기업을 불러들이고 최고의 이민 인구를 불러들이는 방법입니다.

4. 혁신 인력을 양성하는 교육

김현종 인구가 많다고 선진국이 되고 강대국이 되는 것은 아닙니다. 하지만 인구가 적은 나라가 선진국이 되고 강대국이 되기는 어렵습니다.

민병두 인구가 모든 것을 결정하지는 않습니다만 국가의 발전과 어느 정도의 연관성은 있습니다. 대항해시대에 식민지

경영에 나섰던 나라 중에 중남미를 지배했던 스페인, 포르투갈은 인구가 적었습니다. 하지만 식민지를 유지하기가 어려웠지요. 그래서 중남미 국가가 일찌감치 독립을 하게 됩니다. 반면에 산업혁명으로 인구가 팽창하고 있었던 영국은 미국, 캐나다, 호주, 남아공, 인도를 계속해서 지배할 수 있었습니다. 독일과 일본이 2차 세계대전을 일으킬 수 있었던 것도 인구 팽창 국가였기 때문에 가능했던 일이지요.

김현종 앞으로 인구 감소 추세로 볼 때 인구의 질이 중요한 국가가 되었습니다. 결국 교육 문제로 귀결됩니다.

민병두 정치는 과거로부터 축적된 문제를 해결하고, 미래로부터 오는 도전을 극복하는 것이라고 했습니다. 과거를 미세 조정해서는 일이 풀리지를 않습니다. 미래를 앞당겨 쓰는 것이 혁신입니다. 만약에 중국이 우리의 발전 단계를 그대로 답습했다면 우리를 앞설 일은 없을 것입니다. 공중전화 깔고, 집마다 전화기 보급하고, 동네마다 은행과 ATM을 깔았다면 하세월이었을 텐데 이를 스마트폰과 QR로 한꺼번에 돌파했잖아요. 통신과 금융 같은 인프라가 몇 단계 도약한 것이죠. 미래를 앞당겨 쓰는 능력이 혁신입니다.

    우리나라 교육은 늘 대학 입시 제도를 어떻게 바꿀 것인가에만 초점이 맞춰져 있습니다. 세계에서 대학 진학률은 가장 높습니다만 우수 인재는 미래 혁신과 상관없는 분야에 몰려있습니다. 이재명 대통령이 대선 공약으로 서울대 수준의 지방 국립대 10개를 육성하겠다고 했습니다. 하지만 그렇게 해서 지방이 살아나는 것은 아닙니다. 결국 10개의 지방 서울대 프로젝트가 성공한다고 해도 그들이 졸업 후 수도권에서 취업하려고 할 테니까요. 지방에 10개의 서울대가 세워진다고 해서 없던 인재가 10배로 늘어나는 것도 아닙니다. 똑같은 입시로 뽑은 학생들이니까요. 학생들이 지방 서울대를 수도권 사립대학보다 더 선호할 가능성도 크지 않다고 봅니다.

김현종 그런 모델이 가능할까요. 메디치미디어의 '피렌체의 식탁'에서도 미국의 미네르바 스쿨에 대해서 여러 번 다루기는 했습니다만.

민병두 미래 세대는 창의성, 다양성, 혁신성을 갖추어야 경쟁력이 있습니다. 가장 먼저 대학이 바뀌어야죠. 대학이 바뀌어야 한다는 것의 핵심은 지금과 같은 입시 제도에서 완전히 벗어나는 겁니다. 암기식 교육에서 벗어나 질문하고 탐구하는 교육이 중요합니다. 어린 시절부터 미래를 모색하게 하는 교육으로 바꾸어야 합니다.

    미네르바 모델은 SAT를 보고 학생을 선발하지 않는다는 점에서 파격입니다. SAT에는 부모의 계급이 숨어 있다는 것이죠. 한 해 200명을 선발하는데 자기소개서와 에세이만으로 평가한다고 합니다. 굉장히 철학적인 질문들이 포함되어 있는데, 순전히 학생의 잠재력만으로 선발한다는 원칙을 고수하고 있습니다.

그리고 샌프란시스코, 서울 등 세계 7대 도시를 돌면서 학습을 하지요. 학기마다 다른 도시에서 공부하게 되면 전환적인 사고가 가능하다고 보는 것입니다. 모든 수업은 프로젝트를 이행하는 방식으로 진행이 되지요. 가령 '샌프란시스코의 식수난을 어떻게 해결할 것인가' 등의 주제를 갖고 씨름하게 되는데 이런 프로젝트를 수십 개 풀고 나면 사회에서 바로 적용이 가능한 창의적 인재가 된다는 교육철학이죠.

이에 착안해서 한국에도 적용해볼 생각을 한 적이 있지요. 그런데 200명을 선발하면 흔적이 안 남아요. 규모의 경제면에서 투자 대비 산출이 적은 거지요. 17개 시도별로 한 300명씩 선발해서 5,000명 규모의 대학을 신설하면 얘기가 달라집니다. 지역별로 선발하는 이유는 계급의 대물림을 막기 위한 것이죠. 기존 대학으로는 이런 실험이 안 되는 것이 교육부가 정한 입시전형을 따라야 해요. 수능 등급을 따야 하고, 초등학교 3, 4학년 때부터 입시 기계가 되어야 합니다. 하지만 온라인 대학은 상대적으로 자유로워요. 미네르바처럼 온오프라인 병행 대학으로 운영해보는 겁니다. 17개 지자체의 캠퍼스를 돌아다니면서 공부할 수도 있지요.

김현종 그러면 그 대학의 설립과 운영 주체는 누가 돼야 하나요?

민병두 국가죠. 국가가 서울대 10곳을 만드는 게 아니라, 앞서 언급한 인터넷 대학을 혁신해 만들면 되지 않겠냐는 겁니다. 5,000명 규모 혁신 대학을 3, 4개 만들면 메기 효과 이상의 충격파를 던질 수 있을 겁니다. 유치원 때부터 영어에 한 달 150만 원씩 사용하지 않아도 되고요. 자녀가 재미있어하고, 흠뻑 빠진 것에 몰두하면서 청소년 시절을 보내도록 했는데 대학과 사회가 이를 받아준다면 아이를 키우는 부모들의 생각도 바뀔 겁니다.

AI로 대표되는 4차 산업혁명 시대에는 기존 교육을 해체하고 새로운 교육을 해야 합니다. 그런데 대학의 기득권이 이를 받아들이지 않아요. 그래서 외부 충격파를 인위적으로 만드는 실험을 하는 것입니다. 혁신 대학이 3, 4개 생겨서 매년 2만 명 정도를 선발하면 입시 시장에 큰 변화가 생길 겁니다.

지금 이과에서 전교 1등이 의대, 치대, 한의대, 수의대를 갑니다. 이런 현상이 앞으로 10년만 더 지속된다면 이 나라에 희망은 없습니다. 전교 1등이 의대에 몰리는 이유는 간단합니다. 평생직장이 보장되기 때문이죠. 연봉 3, 4억 원을 받으면서 은퇴도 없습니다. 노년에는 양로원에 취업해서 회진만 해도 고소득이 보장됩니다. 그러니까 모두 이 분야에 몰리게 되는 것이죠.

이런 현상을 미국도 몇십 년 전에 경험했습니다. 우리와 정도가 다르지만 미래가 보장되는 곳에 인재가 몰리게 되어 있죠. 우리는 어떻게 해야 하느냐, 우수한 인력이 의대가 아닌 이공계를 나와도 의사 이상으로 미래가 보장되는 사회를 만들어야 합니다. 또 외국의 인재들이 한국에 유학을 와서 한국에서 일하고 싶게 하는 사회를 만들어야 합니다. 끝으로 중고등학교 시절을 여러 분야에서 자유롭고 창의적으로 보낸 잠재력 있는 아이들을 좋은 대학에서 흡수할 수 있게 하는 입시 개혁이 뒤따라야 합니다. 결국은 인적 자원의 배분과 양질의 인력을 잘 육성하는 것이 인구의 감소에 대비하는 방법입니다.

5. 인구와 군대

김현종 인구 절벽으로 징병제를 유지하고 싶어도 유지할 수 없는 것이 현실이 되었습니다. 모병제 전환이 대안이 될 수 있을까요?

민병두 북한 핵보다 위협적인 것이 인구 절벽이라고 합니다. 앞으로 10년만 지나면 상비 병력 규모를 40만 명도 유지하기 어려워져요. 20세 남성 인구가 2020년 33만 명에서 2025년 23만 명으로 떨어졌고, 2040년에는 다시 15만 명으로 급감합니다. 지난해 신생아 수가 24만 명인데 20년 후면 12만 명밖에 안 됩니다. 돌이킬 수 없는 확정된 미래입니다. 모병제를 할 수 없는 인구 규모입니다.

김현종 국방백서에 따르면 북한 지상군 병력이 120만 명가량 된다고 합니다. 미래 전쟁의 개념에 비추어볼 때 병력에 좌우되는 군사 전략은 더 이상 작동 가능하지 않다고 보는 견해가 일반적입니다. 그런데도 여전히 병력이 중요하다고 보는 건가요.

민병두 미래의 전쟁은 첨단화, 지능화된 형태로 치러지고, 무인전으로 전개될 가능성이 큽니다. 전력의 질을 개편하는 것이 중요하기는 합니다. 그런데 미국이나 러시아가 중동과 우크라이나에서 치르는 전쟁의 양상과 한반도는 크게 다릅니다. 국토의 70%가 산악 지형이고, 남쪽의 대부분은 도시화가 진행되어서 전쟁의 양상이 산악전과 도시전입니다. 무인 로봇과 드론이 한반도에서 어느 정도 전쟁의 승패를 좌우하는 기제가 될지는 잘 가늠이 안 됩니다. 전쟁에서 낙관적 사고는 금물입니다.

김현종 정치권에서는 모병제, 선택적 모병제 등이 대안으로 제시되고 있는데 정작 국방부는 구체적인 계획을 내놓지 않고 있습니다.

민병두 이재명 대통령은 후보 시절 의무 복무 기간을 18개월에서 10개월로 단축하여 징집병 규모를 15만 명으로 축소하고, 모병으로 기술 집약형 전투 부사관과 군무원을 배치하는 안을 제시했습니다. 병역 대상자가 10개월 징집과 36개월 모병 중 선택할 수 있도록 하자는 선택적 모병제입니다. 헌법에 정한 대로 국방의 의무는 평등하게 짊어지되, 병력을 전문화, 고급화하자는 발상입니다.

일본은 군인 월급으로 500만 원가량을 줍니다. 그런데도 모병으로 자위대 병력 40만 명을 유지하기 쉽지 않습니다. 미국은 세계에서 가장 큰 혜택을 주는데도 지원자가 줄어들어서 지원 자격을 완화했고 결과적으로 병력의 질이 떨어졌습니다.

복무 기간 36개월 모병은 모병이라고 하기에는 근무 기간이 지나치게 짧습니다. 방향성 자체는 맞지만 지원자가 얼마나 있을지 판단이 어려운 문제입니다. 현재 운영되는 전문하사(임기제 부사관) 지원율도 낮은 편입니다. 청년으로서는 하사 월급을 받으며 자유를 빼앗기느니 차라리 빨리 취업하는 게 낫다고 판단하기 때문입니다.

김현종 이스라엘이나 타이완같은 방식의 개병제도 검토해보자는 의견이 있습니다.

민병두 그래서 대안으로 떠오르는 것이 남녀개병제입니다. 여성들도 지원 병력으로 비교적 짧은 기간 병역의무를 이행하도록 하는 것이죠. 남녀개병제와 모병제를 하는 것이 국방 측면에서는 가장 이상적인 대안입니다. 보수적으로 계산을 할 때 그 정도 되어야 방어전이 가능하다고 보는 견해죠. 그런데 저항이 만만치 않을 것이고, 그만큼 노동인구가 줄어드는 문제가 있어서 정치권에서는 이 얘기를 안 하고 있습니다.

어떤 모병제를 하든 제대 후 사회 진출을 할 수 있도록 지원하는 것이 중요합니다. 3년 근무 기간에 대해서는 인센티브를 파격적으로 주기가 어렵습니다. 그러면 모병이 안 될 겁니다. 모병제가 제대로 되려면 7~10년 근무하게 하고 사회 진출을 보장해야 합니다. 굉장히 어려운 문제입니다. 대학을 포기하고 군대에 와서 20대를 보낸 후 취업 전선에 뛰어드는 것은 거의 불가능합니다. 그래서 미국에서는 대학 장학금 등 많은 것을 지원하기 때문에 계층 상승을 고려해 지원합니다. 하지만 우리나라에서는 어느 정도 지원해줄 수 있을지 의문입니다.

김현종 병력 구조 재설계는 군 내부에서도 이해관계가 다르고, 조직 축소에 대한 반발도 적지 않을 것으로 보입니다.

민병두 윤석열의 망상 계엄 이후 국방부의 문민화 등 군 개혁이 국민적 공감대를 얻고 있습니다. 군 출신이 아닌 국방부 장관이 구조 개혁에 앞장설 수 있을 것입니다. 모병제로 전환하게 되면 장군과 장교의 수가 줄어들게 되어 저항이 적지 않을 겁니다. 병력 문제에 대한 불안감을 해소할 수 있는 압도적인 군사력을 선행해야 하는데, 병력 축소는 확정적인 미래이지만 미래 군사력은 확정적이지 않다는 것이 문제의 본질입니다.

6. 인구와 농촌 소멸, 메가시티

김현종 대한민국을 서울과 수도권으로만 유지할 수는 없습니다. 농촌 소멸은 농업인구의 절대 부족과 식량 위기 문제로까지 이어지지 않습니까?

민병두 국내 농가 인구가 해마다 빠르게 줄어들면서 200만 명 붕괴를 눈앞에 두고 있습니다. 농촌 고령 인구 비율이 55%를 넘어서는 등 인구 감소와 고령화가 함께 진행되는 이중 위기입니다. 이대로 가면 농촌이 사라지면서 농업도 위태롭습니다. 지방은 지금 80~90개의 자치단체가 소멸 위험 수준까지 왔어요. 마을이 제 기능을 못 한다는 겁니다. 예를 들어 읍면의 인구가 3,000명 이하면 소멸하는 동네에 해당합니다. 일단 병원이 없어져요. 3,000명 인구로는 유지가 안 됩니다. 약국도 없어져요. 그다음에는 슈퍼마켓이 없어지기 시작합니다. 자연부락으로서 기능을 못 하는 지경까지 이르게 되죠.

일본에서도 이 문제가 잃어버린 20년 동안 큰 이슈였습니다. 지방이 소멸하는데도 인프라는 계속해서 개보수를 해야 돼요. 국회의원들이 가만있지 않잖아요. 비용은 과거와 비슷하게 들어가요. 행정조직도 그대로 유지해야 해요. 도시락 배달, 건강 체크 등에 들어가는 복지 비용도 적지 않죠. 일본에서 겪은 시행착오를 보고 교훈을 얻어야 합니다. 농촌과 농업의 재조직을 설계할 수 있어야 합니다.

김현종 4차 산업혁명으로 농업 방식이 바뀌고 있는데 한국의 농업은 여전히 소규모 농지가 많다는 점이 문제입니다.

민병두 현재의 소농을 유지하고 보호하는 정책에서 농지를 통합하여 대농화하거나 기업농으로 전환하는 문제를 고민하지 않을 수 없어요. 늙고 사망하면서 생기는 유휴농지와 폐가를 처분하지 않으면 안 되게끔 제도를 설계해야 합니다. 국가나 지방자치단체에 관리와 처분을 위탁할 수도 있고요. 네덜란드, 덴마크 같은 나라는 1940년부터 농지를 통합했어요. 그래서 대농이 되고 기업농이 된 거예요. 미래를 앞당겨 쓴 것이죠. 그런데 우리나라는 지금 귀농하면 무조건 소농이에요. 그러면 농지가 통합이 안 돼요.

귀농은 농촌과 농업을 살리는 정책은 아니고, 농촌을 유지하는 정책입니다. 일시적으로 농촌 인구가 유지되고 소멸을 늦추는 효과는 있어요. 귀농은 베이비부머가 합니다. 인구의 재생산은 되지 않아요. 귀농, 귀어, 귀산 등 귀촌은 개인의 선택이니까 그것은 그것대로 존중해야 합니다. 그래서 귀농 정책과 농지 통합 지역 정책을 분리해서 추진할 필요가 있습니다.

김현종 기업농 정책을 적극적으로 펼칠 때가 되었습니다. 20년, 30년 후에는 기업농과 대농이 농업의 중심이 될 수밖에 없을 겁니다. 한편으로는 청년 창업 인구가 농업으로 눈을 돌리게 하는 것도 필요합니다. 스마트팜 등 미래 농업은 청년들이 해야 합니다. 이들의 창업을 도와야 합니다. 초기 단계에서 이들의 안정된 수입을 보장하기 위해 농사 이외의 시간에는 지역의 복지·환경·교육 분야에서 공공 일자리를 수행하는 방안도 검토해볼 만합니다.

김현종 지방소멸 문제도 짚고 넘어가지 않을 수 없네요. 4차 산업혁명의 시작을 알리면서 부산 등 지방 대도시들의 인재 유출이 빨라지기 시작했어요. 메가시티가 그 대안이 될 수 있을까요.

민병두 수도권 집중은 모두에게 비극입니다. 4차 산업혁명이 시작되면서 20, 30대의 탈 지방이 더욱 가속화되었습니다. 제2도시 부산이 '노인과 바다'가 되어버린 상황입니다. 반대로 서울은 경쟁이 치열해면서 출산율이 0.68까지 떨어지는 최악의 상황을 맞았습니다. 판교, 평택이 첨단산업의 남방 한계선이라고 하는데, 이를 바꾸지 않고서는 수도권 집중과 지방 소멸을 막을 수 없습니다. 이는 중앙정부만이 해결할 수 있습니다. 세제를 포함해서 여러 가지 특단의 대책을 마련하고 해외에 나가 있는 기업들이 리쇼어링할 수 있게 해야 합니다. 여러 정부에서 지방으로의 리쇼어링 유인책을 말했지만 효과를 얻지 못한 것은 정부가 지속적인 의지를 갖고 이를 추진할 것인지 확신을 주지 못했기 때문입니다.

전 세계가 동시대에 사는 것 같지만 미래가 오는 속도는 각자 다릅니다. 우리가 미래를 앞당겨 쓸 때만이 도전을 극복할 수 있다고 봅니다. 저개발국가인 박정희 시대에 중화학 공업국을 목표로 한 것이라든지, 김대중 시대에 부도가 난 국가에서 IT 국가를 목표로 한 것이 미래를 앞당겨 쓴 대표적인 사례였습니다. 우리가 AI 국가를 건설하려고 하는 것도 미래를 앞당겨 쓰는 것입니다. 인구 문제는 인구 그 자체로 해결할 수 없습니다. 이 역시 앞선 모델을 앞당겨 쓸 때만 가능합니다.

6장

관세 전쟁:
슬기롭고 실용적인 외교 전략을 위하여

노영민 × 김현종 대담 ②

1. 새 정부에 필요한 관세 전쟁 대처 방안

김현종 미국과 관세 관련 불협화음이 한동안 계속될 것 같습니다. 새 정부가 출범한 한국이 통상이나 관세 문제에서 슬기롭게 대처할 방안을 잘 수립했으면 좋겠습니다. 주한미군 문제라든지, 조선업이나 LNG 분야에서의 협력이라든지 이른바 한미 간 패키지딜을 할 수 있다면 좋지 않을까 싶습니다. 관세만 갖고 하나하나 협상하지 말고 한미 간의 현안들을 한꺼번에 묶어서 일종의 패키지 형태로 딜을 한다면 우리 입장에서 크게 밑지지 않을 거 같고요.

노영민 소위 패키지는 실익이 별로 없을 듯합니다. 미국이 우리의 요구보다는 자기들의 필요에 따라 움직일 테니까요. 미국이 추진하려던 게 명분을 잃거나 동력이 약화해서 명분을 쌓거나 자국민을 설득해야 한다거나 할 때는 패키지딜을 할 수도 있습니다. 하지만 미국은 자국 이익을 먼저 생각하는 나라거든요. 트럼프는 더 심하고요.

우리가 소위 사드 배치 문제로 중국에 경제적으로 심한 보복을 당했을 때, 그 피해의 최고 정점에 있을 때도 미국은 우리를 도와주기는커녕 뒤통수를 때렸어요. 당시 미국이 뭘 했느냐면 세탁기와 태양광 패널에 대해 세이프가드를 발동하고 관세를 때렸거든요. 미국은 당시 한국이 사드 문제 때문에 중국으로부터 보복을 당했다는 것도 알고 있었어요. 그랬는데 미안해서라도 관세를 깎아주지는 못할망정 오히려 보복 관세를 두드리는 나라가 미국이에요.

김현종 결국 미국은 통상 문제에서는 국면을 전체적으로 보기보다는 소위 케이스 바이 케이스로, 현안 중심으로 대응한다는 말씀이죠. 그래서 우리가 미리 패키지딜 같은 걸 들고 나갈 필요도 없고, 먹히지도 않을 것이라는 거고요.

노영민 외교 실무에서 중요한 용어 중에 '동맹의 역전'이라는 말이 있어요. 자국의 이익을 위해서라면 국가는 지금까지의 우호 관계도 거리낌 없이 끊거나 오랜 기간 적대시했던 상대국과도 아무렇지 않게 손을 잡을 수 있다는 의미입니다. 그러니까 여기에서 역전은 상황이 바뀐다는 뜻이죠.

대표적인 사례로 2차 중동전쟁을 들 수 있어요. 1956년

수에즈 운하 소유권 문제 때문에 전쟁이 터졌는데, 당시 수에즈 운하는 영국 거나 마찬가지였죠. 사실 영국의 이익에 결정적인 영향을 줄 수 있는 상황에서 미국은 당시 소련과 손을 잡습니다. 원래 미국은 영국의 편을 들어야 할 최고 우방국이었는데, 오히려 영국을 협박하다시피 해서 전쟁을 끝냈어요. 그래서 당시 영국하고 영국 편을 들었던 프랑스가 엄청난 충격을 받았죠. 그런데 미국 입장에서는 외교적으로 자기 국익을 지키는 결정을 내렸을 뿐이에요. 결과적으로 영국과 프랑스, 이스라엘은 수에즈 운하 지역에서 철수했고, 이집트의 나세르는 수에즈 운하의 국유화에 성공했어요. 그 후폭풍으로 서유럽 중심의 세계 패권과 국제 질서가 확실하게 종료되고 세계 질서가 미소 양국 중심으로 재편됩니다. 트럼프도 이런 식으로 종종 갈아타기를 합니다.

김현종 2차 세계대전 당시에도 그렇게 힘의 균형이 왔다 갔다 했던 사례들이 있었죠. 어떤 상황에서도 동맹의 역전이 발생할 수 있다는 교훈을 오늘날에도 되새길 필요가 있겠네요.

노영민 중국의 일대일로(一帶一路) 전략(유라시아 대륙부터 아프리카까지 육상과 해상 교통망으로 연결해서 경제 벨트를 형성하려는 중국의 국가 발전 프로젝트)을 미국이 상당히 견제하고 있는데, 일본은 거기에다 돈을 대고 있죠.

김현종 그것도 참 흥미로운 사실인데, 일본은 순전히 돈벌이 때문에 그렇게 하는 건가요? 아니면 중국의 프로젝트에 숟가락을 얹어서 일본의 영향력을 확대해보겠다는 생각인 건가요?

노영민 일본은 정냉경온(政冷經溫)이라고 해서 정치적으로는 외형상 소위 냉랭한 관계를 표현하고, 경제적으로는 따뜻하게, 최대한 좋게 가려고 합니다. 일례로 1년에 한 번, 12월에 북경에서 중국과 일본의 경제계 인사들이 모여 포럼 비슷한 행사를 합니다. 거기에 중국 공산당하고 외교부, 국가발전개혁위원회 사람들이 많이 와요. 그 행사에 가본 적이 있는데, 한국 기업인들은 상상도 할 수 없을 만큼 수많은 일본 정부 고위층 인사들이 참석해서 충격을 받았어요. 그때까지도 중국과 일본이 사이가 안 좋다고만 생각했는데, 경제적으로는 안 그렇더라고요.

김현종 그렇다면 우리는 어떻게 움직여야 할까요? 앞서 말한 패키지딜도 어렵다면 방안이 있어야 할 텐데요.

노영민 원칙과 시간의 굴레를 항상 생각해야 합니다. 딜은 투명성, 개방성, 다자협상 우선주의에 기반한 공동의 이익을 추구해야 합니다. 원칙의 굴레입니다. 그리고 시간은 누구의 편인가? 하는 시간의 굴레도 염두에 두어야 합니다.

2. 외교·안보에서의 적극적인 대응과 주한미군 재평가

김현종 지금까지는 통상 관련 이슈를 주로 이야기했는데요. 이제 화제를 좀 전환해볼게요. 외교·안보 쪽 이야기를 해보려고 합니다. 약간 억지스러울 수도 있지만 이렇게 화두를 던져볼게요. 트럼프 정부가 출범하면서 주한미군 주둔 비용을 많이 올리라는 요구를 할 거라고 대부분 예상하잖아요. 그런데 이제 주한미군의 성격이 북한군을 대상으로 한 군대에서 사실상 중국군을 대상으로 한 군대로 바뀌었죠. 트럼프의 목적이 중국 봉쇄나 중국의 패권 도전 차단에 있다면, 오히려 우리가 트럼프한테 주한미군 주둔을 허용해주는 조건으로 돈을 받아야 하지 않을까요? 이런 식의 발상이나 외교는 불가능한가요? 이와 더불어 주한미군의 가치와 기능에 관해서도 생각을 말씀해주시면 좋을 듯합니다.

노영민 그 점에 대해서는 미국조차도 주한미군과 사드 같은 무기 체계가 북한의 핵과 미사일에 대한 자위적 조치라고 하지 절대로 중국이나 러시아를 겨냥한 것이 아니라는 게 공식 입장이에요. 그래서 미국 상원에서 주한 미국 대사를 인사청문회 할 때 이 점을 반드시 물어봐요. 사전 교육을 받는 셈이죠. 주한 대사가 대외적인 발언에서 절대로 주의해야 할 것 역시 주한미군의 북한군에 대한 대응 개념이에요. 그러니까 그런 공식적 입장보다 우리가 더 나아가는 것은 한미 간의 외교적 마찰을 야기할 수 있습니다.

김현종 불가피한 마찰을 감수하고라도 이야기는 해볼 수 있지 않을까요?

노영민 만약 그렇게 한다면 비공개로 해야죠. 예를 들어 우리가 미사일 탄두 중량과 사거리 확대 제한을 폐지하기로 합의했을 때, 협상에서 미국을 설득했던 논리가 뭐였냐면, 동아시아에 대한 미국의 세계 전략에서 이제는 미국이 만족할 만큼 일본이 제 역할을 수행하기가 힘들어졌다는 점이었어요. 일본의 국력이 상대적으로 떨어져 국가적 역량이 예전 같지 않으니, 소위 보완적 위치를 우리가 맡겠다는 것이었죠.

김현종 그러니 우리가 그 역할을 맡아주는 대신, 미사일 개발 제한을 철폐하자. 그 점에서 한미 간의 이해관계가 일치했죠.

노영민 그렇죠. 우리가 너희들한테 돈을 달라는 것도 아닌데 미사일 탄두 중량하고 사거리 문제는 풀어줄 수 있지 않느냐, 그렇게 설득해서 해결한 거죠. 그리고 미국은, 특히 트럼프는 절대로 자기에게 불리한 점은 알면서도 모르는 척해요. 그냥 모르는 거라고 합니다. 어느 정도냐면 문재인 대통령이 얼마나 참을성이 강한지 느낀 적이 있는데요. 트럼프하고 회담하는데 트럼프가 계속 주한미군 유지를 위해 미국이 얼마를 손해 보고 있고, 한국은 기여하는 것도 하나도 없고, 뭐 이런 식으로 나오는 거예요.

김현종 소위 자선사업을 하고 있다 이거죠. 그걸 이겨 먹을 협상 방법은 없을까요.

노영민 그러면 문재인 대통령은 그게 아니라 우리가 몇 년도부터 해마다 미국 무기를 얼마치씩 구입했고, 평택 미군기지를 조성하는 데 얼마나 들었고, 연간 유지비를 포함해 기타 이런저런 부분에 얼마를 기여하고 있고, SMA(방위비분담금특별협정)를 통해 1년에 얼마를 주고 있고… 이런 식으로 상세히 설명합니다. 트럼프는 듣기 싫어서 몸살이 나요. 화를 내기도 하고요. 그런 식입니다. 우리가 보기에 트럼프가 말도 안 될 정도로 자기는 하나도 모른다고 하지만, 절대로 모른다고 생각하지 않아요. 모른다는 식으로 깔아

뭉개는 거죠. 그러다가 더 할 말이 없어지면 그 문제는 볼턴에게 위임했으니 그와 만나서 이야기하라고 합니다.

그래서 저희 때는 아마도 최초일 것 같은데, 한미 SMA 협상 대표로 경제 전문가를 보냈어요. 그전까지는 협상 때마다 외교부하고 국방부에서 교대로 나섰거든요. 그런데 우리나라 정부 부처 중에 미국에 가장 협상력이 약한 부서가 외교부하고 국방부입니다. 경제 전문가로는 한 번도 협상해본 적이 없었는데, 그때 제가 대통령께 당시 정은보 금융위원회 부위원장을 추천하면서 우리가 정치적으로는 너무 힘의 차이가 나서 미국하고 협상이 잘 안되니 숫자 가지고 싸울 경제 전문가를 보내야 한다고 했어요.

딴 이야기는 하지 말고 숫자로 따지게 하자, 그게 좀 먹혔던 것 같아요. 협상장 들어갈 때 정은보 부위원장에게는 이렇게 말했어요. 설명은 다 하되, 만약 미국이 무리한 요구를 하면 그냥 차고 나오라고요. 트럼프가 요구하는 걸 우리가 다 들어줄 수도 없고, 당시는 미국의 차기 대선 캠페인 시작이 얼마 남지 않았을 때거든요. 사실 협상이라는 게 1~2년 지연된다고 해서 큰일은 아니잖아요. 그런 면에서 윤석열 정부는 무임 승차한 셈이죠. 우리가 2025년까지로 협상 유효기간을 늘려놓았거든요. 예전에는 한미 SMA 협상이 1년에서 5년 단위였는데, 그걸 처음으로 6년으로 늘려놓아서 임기 초 한미 간에 그에 관한 현안이 없었거든요.

김현종 지금까지 나온 이야기로 트럼프를 다루는 방법을 정리해보면, 두 가지를 뽑을 수 있겠습니다. 어쨌든 새 대통령도 트럼프를 어떻게 다루느냐에 대해 문재인 대통령 시절로부터 교훈을 얻어야 하고요. 최소한 내년 중간선거에서 깨지기 전까지는 트럼프의 기세가 등등할 테니까요. 적어도 한국에 대해서는요. 두 번째는 숫자와 팩트로 대응하는 방법이 있겠네요. 또 뭐가 있을까요?

노영민 성실하게 임해야 합니다. 왜냐하면 트럼프의 주장에는 항상 자기 이익과 목적에 맞는 논리만 있어요. 자기가 목적을 설정해놓고 그 목적에 유리한 논리와 좀 왜곡되더라도 유리한 팩트를 끊임없이 반복적으로 이야기합니다. 그리고 상대방 이야기는 안 들어요. 사실은 안 듣는 것 같아도 다 듣지만요. 그래서 우리도 우리가 주장해야 할 것들을 끊임없이 이야기해야 합니다.

김현종 성실함도 중요하지만, 페이스를 잃으면 안 된다는 말씀이기도 하네요.

노영민 사실 트럼프만의 이야기가 아니라 트럼프가 재선되기 훨씬 전에 미국에서 나왔던 말인데요. 미국이 중국과 러시아를 고립시키는 게 실제로는 궁극적인 목적이 아니라는 거죠. 미국은 자기들의 동맹국들을 자기 경제 세력권 안에 확고하게 붙들어두고 미국의 이익을 극대화하는 정책을 펴는데, 그런 점에서 미국의 동맹국들이 무역과 투자 측면에서 미국보다 더 나은 기회를 제공할 수 있는 중국과 러시아의 교역을 확대하지 못하도록 차단한다는 겁니다.

그러면서 이를 위한 미국의 해법으로 미국의 경쟁국과 상호 의존을 통해 얻는 경제 이익을 상쇄할 만한 강한 위협을 느끼도록 국제 환경을 조성하는 방안이 하나 있고요. 또 하나는 미국의 위협에 대한 맞대응, 경제적으로는 상호 관세를 매긴다든지 해서 맞대응을 할 때 입게 될 피해가 더 심각할 것이라는 인식을 갖게 하는 겁니다.

김현종 그런데 그건 약간 공갈의 일종 같기도 하네요. 판을 막 흔들어서 혼을 뺀 다음 자기들의 이해관계를 반영하는 식인데, 그건 다소 일시적인 거고 그렇게 오래는 못 가죠.

이야기 나온 김에 추가하고 싶은 내용이 생각났어요. 주한미군이 갖는 중첩된 의미, 그러니까 북한을 상대로도 보지만 중국을 상대로도 본다는 의미가 있는데, 물론 그동안 후자에 대해서는 언급을 거의 안 했죠. 중국을 자극하지 않으면서 미국한테 우리의 가치를 어필하려면 아주 고도의 내밀한 외교력을 발휘해야 하죠. 사실 그걸 어떻게 잘할 수 있을지가 관건일 것 같습니다.

3. 국익에 부응하고 실용성에 초점을 둔 중간국 외교

김현종 초기의 수출 주도 경제나 민주주의를 겪던 때와 다르게 한국의 수준이 많이 올라왔고 또 원숙해졌습니다. 물론 한계를 드러내는 측면도 있고요. 산업적인 측면에서 예전에 없던 여러 위험 요소를 갖게 됐다는 생각도 듭니다. 한편으로는 새 출발 또는 재탄생이 필요한 여건도 있고요. 이런 시점에서 외교는 어떻게 해나가야 할까요? 과연 세계 주요 국가들 사이에서 중간국 외교라는 게 가능한지도 좀 여쭤보고 싶습니다. 튀르키에 같은 나라들이 하는 걸 보면 요새는 가능한 것도 같아요. 하지만 한국이 완전히 독자적인 외교를 펼 수 있는 여건은 또 아니잖아요. 네 개의 강대국과 지리적으로 아주 밀착된 지점에 있기도 하고요.

노영민 외교의 목적은 국가 이익의 추구인데, 사실 국가 이익의 종류가 다양해요. 그러다 보니 기본적으로 국가마다 각자의 입장, 국력 등에 따라서 이익을 추구하는 방법과 방향성, 가중치 등이 다 다르게 전개돼요. 국가 이익을 분야별로 살펴보자면 외교와 국방을 중심으로 하는 안전 보장이 있고, 그다음으로 경제적인 효용성과 수익 증대 등을 포함한 번영과 발전을 국가 이익의 핵심으로 보는 나라도 있습니다. 국제사회에서 자국의 위상, 호감도, 명예 등과 같은 문화적인 면을 중요시하는 나라도 있고요.

어쨌든 국가의 이익을 가장 중요시하기 때문에 외교에서 가장 많이 쓰는 말이 '우리에게는 항구적인 동맹도 영구적인 적도 없다'라는 말이 되는 거죠. 항구적이고 영구적인 것은 우리의 이익뿐이며 그 이해를 따르는 것이 우리의 의무입니다. 가끔 이런 말을 하는데, 국가는 법인입니다. 주식회사와 같은 법인이지 사람이 아니에요. 그래서 이익보다 앞서는 감정이나 가치로 행동하지 않아야 합니다.

2차 세계대전 이후에 미국의 정치 학파 중에서는 현실주의 학파가 가장 큰 영향력을 갖고 있는데, 그 핵심 이론을 창시한 사람이 뭐라고 했냐면 국가는 힘에 의해 정의된 이익을 추구하는 존재라고 했어요. 그래서 국익이 국가 외교 정책의 기본 지침이 되어야 한다고요. 이게 미국의 외교를 관통하는 워딩이에요. 여기서 말하는 힘은 결국 권력, 즉 정부를 지칭합니다.

김현종 사실 국익의 극대화를 우선시해야 한다고 이야기하고 있는데, 정작 그 국익이 뭐냐고 물으면 이를 제대로 정의하기 어려운 것 같아요. 무엇보다도 한국이 국익을 추구할 때 가장 취약한 점은 경제가 대외 의존적 체질이라는 점입니다. 멘탈마저 대외 의존적이라는 것도 문제인 것 같아요. 우리한테 외교는 곧 강한 놈을 따라다니는 거였잖아요. 조선 이래로 그랬죠.

노영민 소위 국익이라는 개념 자체는 주관적 요소가 강해요. 그래서 국익을 완전히 객관적으로 정의할 수는 없습니다. 또한 이익을 분석할 때 단기적 시점을 취할지 아니면 중장기적 시점을 취할지에 따라서도 결과가 크게 바뀔 수가 있어요. 그뿐만 아니라, 정치인들이 국익을 내세워서 자기주장을 합리화하는 일도 있어서 국익에 대한 불신이 생길 때도 많습니다.

그래서 국익을 변하지 않는 객관적인 개념으로 사용하면 안 된다는 주장도 있어요. 그렇지만 공동체의 구성원이나 개인의 이해를 초월한 공적 이익이 존재한다고 가정하고, 그런 이익을 국가 차원에서 조정할 수 있다는 신념은 국제사회를 안정적으로 운영하기 위한 것입니다. 국가가 국제정치의 기본 단위인 이상 외교정책 수립 단계에서 국익에 관한 논의는 계속되겠지만, 그래도 국제사회는 평화롭게 유지돼야 하고, 거기서 더 나아가면 공동의 이익이 됩니다.

김현종 현재 시점에서 왜 국가의 재탄생이 필요한지에 관해 논의하다 보면 재탄생을 위해 우리가 채워야 할 역량도 있고, 버려야 할 조직이나 관행도 있잖아요. 일종의 취사선택이죠. 그중에는 하드웨어도 있고 소프트웨어도 있을 테고요. 우리가 지금까지 다룬 내용 중에서도 외교나 통상 부분의 조직 편제를 어떻게 재탄생시켜야 하는지도 이슈가 될 수 있겠습니다.

그리고 대외 관계에서 너무 자주적인 의식을 갖는 것도 불행의 씨앗이 될 수 있죠. 반대로 자주성이 없어도 문제지만요. 그래도 해방 이후 지난 70~80년은 일방적으로 미국을 따라가면서 머리를 너무 세우면 오히려 손해라는 생각만 하지 않았나 합니다. 그리고 중상주의 국가적인 태도에 치중하기도 했고요. 그런데 지금은 미국 자체가 좀 변하고 있잖아요. 이때 과연 어느 정도 자주 의식을 가져야 옳은지도 궁금한 부분입니다. 농도와 강도 조절이 굉장히 중요한 것 같아요.

4. 새 정부의 조직 구성과 개편 방안

김현종 정부 부처는 어떤 식으로 가는 게 좋을까요? 지금은 외교부가 있고 산업통상자원부가 있고 그 산하에 통상교섭본부가 있죠. 이거는 손을 좀 볼 필요가 없을까요?

노영민 정부 부처는 대통령실과 연결된 문제인데요. 대통령실을 축소하고 정책 수립과 집행을 각 부처로 넘겨야 한다는 이야기가 항상 많이 나와요. 그런데 그런 부분은 중장기적 과제로 넘겨야지 임기 5년인 대통령이 그걸 하려고 하면 사실 아무것도 안 하겠다는 말밖에 안 됩니다.

김현종 얼마 전에 다른 토론에서 이에 관한 논쟁이 붙었던 적이 있는데요. 일반 사람들은 대부분 대통령실은 작게 하고 각 부처에서 일을 다 할 수 있도록 해야 된다는 것을 상식 내지는 당연시하고 있더라고요.

노영민 지금은 정부 정책을 퇴임 후에 감사원이 전부 감사하고 검찰이 대통령 기록관을 다 뒤져서 각 사안에 대해 문제가 없었는지, 내부에서 누가 반대했는데 누가 밀어붙여서 했는지 등을 다 조사하기 때문에 정부는 아무것도 안 해요. 쉽게 이야기하면 내부에서도 이견이 있을 수 있잖아요. 부처마다 입장도 다르고요. 예를 들어 국토교통부하고 환경부는 서로 바라보는 방향이 다르니까 당연히 이견이 있을 수 있죠. 그런데 만약 이견이 있었는데도 밀어붙였다고 하면, 최종적으로 그 사람들이 다른 부처의 반대를 무릅쓰고 진행할 만큼 국가적 이익이 있었는가를 따지는 게 아니라, 절차적으로 합법적으로 행사했는지와 누가 그걸 했는지만 조사합니다.

그리고 그 일이 법적으로 아무 문제가 없다고 하더라도

조사 과정에서 난리를 치니까 결국 정부는 아무것도 안 합니다. 통상교섭본부도 마찬가지입니다. 내부에 이견이 없을 수 없어요. 부처 간에도 마찬가지고요. 외교부하고 산업통상자원부 사이에 당연히 이견이 있을 수 있고, 법무부하고 노동부 사이에서도 이견이 있을 수 있습니다. 결국 최종적으로 이를 조정해주는 역할을 국무조정실이 해야 하는데, 거기서도 못 해요. 국무조정실장도 장관급인데 말이 먹히지 않거든요. 그러다 결국 청와대로 다 들어옵니다. 뭐가 됐든 청와대에서 결정을 내려주기 전에는 아무것도 안 해요. 여기에 언급하지 않으면 기회가 없을 것 같아 한 가지 짚고 넘어가겠습니다.

대통령 지정기록물의 열람에 대한 것입니다. 헌법상 가장 강력한 정족수 조항은 국회 재적의원 3분의 2 이상 찬성인데 이 정족수가 필요한 안건은 개헌 의결, 대통령 탄핵, 국회의원 제명 셋밖에 없습니다. 대통령의 법률안 거부에 대한 재의결조차 과반 출석에 출석의원 3분의 2 이상 찬성입니다. 계엄 해제 요구는 재적 과반이 정족수입니다.

법률상 의결 정족수가 국회 재적의원 3분의 2 이상인 안건이 딱 하나가 있는데요. 대통령 지정기록물의 열람입니다. 그만큼 엄격하게 관리되는 것이 대통령 지정기록물입니다. 여야 간 합의 없이는 불가능하죠. 그런데 이러한 대통령 지정기록물의 열람을 가능케 하는 또 하나의 규정이 있는데 바로 고등법원장이 발부한 영장입니다. 그런데 과연 고등법원장이 국회 재적의원 3분의 2 이상이어야 열람이 가능하다는 것의 의미와 무게를 아는지 의문입니다. 특히 전임 정권에 대한 정치 보복을 목적으로 한 대통령 지정기록물에 대한 압수수색 영장을 고민 없이 발부하는 현실에 대한 우려가 큽니다. 과연 고등법원장이 입법 취지를 제대로 알고 있는 것일까요?

김현종 감사와 보안의 문제를 들어서 청와대가 주도하는 행정부를 말씀하셨는데, 저는 정보의 질적 측면에서 청와대가 앞선다고 생각합니다. 그러니까 사단장이 자기 사단 관할에 대해 파악하고 있는 거나 대사가 자기 주재국에 대해 파악하고 있는 것보다 외교안보실이나 합참이 훨씬 더 정보를 잘 파악하고 있을 수 있잖아요. 각 부처에서는 자기들 것밖에 못 보지만, 중앙에서는 이쪽저쪽 다 갖다 보잖아요.

노영민 그리고 일을 추진할 때, 예를 들어 장관이 어떻게 하라고 해도 잘 안 되는 사안이 있습니다. 타 부서에서 반대하거나 내부에서 장관이 하라는데 차관이 반대하거나 하면, 결국 이런 문제를 해결해서 빨리하는 방법은 한 가지밖에 없어요. 청와대에서 담당 과장이나 국장과 통화하는 거죠. 그렇게 해서 지침이 나가야 움직입니다. 물론 이게 좋은 방법이라는 말은 아닙니다. 하지만 이걸 하루아침에 바꿀 수도 없어요.

김현종 사일로 효과(Silo Effect, 자기가 속한 부서 또는 팀이 외부와의 연결을 끊고 자생함으로써 조직 전체에 비효율이 발생하는 현상)라는 말이 있죠. 벽처럼 단절된 형태요. 사실 일반적인 체계로 대응할 수 있는 일이 있고 그렇지 않은 일이 있잖아요. 빠르게 변화하고 긴급히 대응해야 하는 사안은 청와대나 헤드 중심으로 가는 것이 효율적이죠. 문제는 세상이 너무 빨리 변하고 너무 빨리 새로운 일이 발생해서 그런 사례가 점차 늘어난다는 점이죠.

한편으로 제가 보기에는 역대 정권들이 '어공'의 능력을 향상시키는 데는 별로 신경을 안 쓴 것 같아요. '늘공'은 자기들끼리 하는 트레이닝 코스가 있는데, 지금까지 어공들을 너무 소모품처럼 쓴 것 같아요. 장관 정책 보좌관 같은 사람들은 단순히 당장 눈앞의 일만 하다가 인사 발령 나면 폐기 처분되고 그러잖아요.

노영민 노무현 대통령 때부터 숙원이었는데, 지금 법적으로 국회의원은 국무위원만 겸임할 수 있잖아요. 장관밖에 못하고 차관을 못 합니다. 그래서 초선 의원들이 각 부처 차관을 할 수 있게 하면 좋겠어요. 옛날에 차관을 두 명으로 만들었던 이유도 일본처럼 하나는 내부 승진, 하나는 정무 쪽으로 해서 훈련을 시키려고 한 거거든요. 그렇게 차관으로 들어가서 그 부서의 실무를 훈련해야 해요.

김현종 아마 초재선 의원들은 정무차관 하라고 하면 할 거예요. 지금 우리가 여기서 이런 이야기를 나누는 게 의미가 있죠. 아무 데서도 안 하는 이야기거든요. 논의한 것 중에 절반 정도는 아마 다른 토론회에서도 들을 수 있는 이야기겠지만, 다른 토론회에서 들을 수 없는 내용이 활자화되는 게 중요하다고 생각합니다. 지금 각 부처에만 일을 맡기면 안 된다거나 청와대가 세져야 한다는 의견은 현실에 부합하거든요. 그런데 토론회를 하면 이렇게 말하는 사람이 아무도 없습니다. 시대적 공공선이라는 게 작용하거든요. 다들 여기에 얽매여서 맨날 장관한테 재량권을 줘야 한다는 말만 합니다.

5. 가치 외교

김현종 가치 외교냐 실리 외교냐, 이것도 참 오래된 떡밥이죠. 이러한 이분법적 사고에서 벗어나는 안목이 필요할 텐데요.

노영민 가치 외교의 의미는 이미 거의 고정됐다고 봐야 합니다. 국제적으로나 학문적으로의 가치 외교는 국익에 부합하는 행동을 포장하는 말입니다. 미국이나 일본이 그런 가치 외교를 종종 주장했죠. 일본에서 가치 외교란 말을 처음 꺼냈던 건 자민당 정권인데 처음에는 가치관 외교라고 했다가 나중에 가치 외교라고 불러요. 일본 전략 문제연구소에서 처음으로 주장했어요. 가치 외교는 민주주의, 자유, 인권, 법치, 시장경제를 보편 가치로 정의하고 이를 공유하는 국가들과의 관계를 강화해나가자는 정책이에요.

이렇게 해서 유라시아 대륙의 신흥 민주주의 국가들을 연결하고 이 지역을 보편 가치를 기반으로 하는 지역으로 발전시키기 위한 자유와 번영의 호를 만들자고 했습니다. 여기서 말하는 호는 활 모양을 의미하는데, 지도에서 보면 그런 모양으로 연결돼요. 쉽게 말하면 대동아공영권이라고 보면 됩니다. 그리고 여기서 일본이 리더십을 발휘하자고 하면서 이 개념이 나왔습니다.

이처럼 일본에서 가치 외교가 등장한 배경에는 극우 보수층이 21세기 들어 나타난 중국의 지정학적, 경제적 부상이라는 현실을 민주주의가 쇠퇴하고 권위주의가 강성해지는 문제로 인식하여, 일본이 전 세계에서 보편 가치 증진에 기여해야 한다는 사고를 확립한 데서 비롯됩니다.

김현종 말은 맞는 말인데, 패전국에서 할 만한 이야기는 아니네요.

노영민 맞아요. 자기들이 전범이면서 반성과 사과도 제대로 하지 않아놓고 이를 주도한다는 것 자체가 문제가 있죠. 어쨌든 나중에 일본이 그렇게 하려다 보니까 내정 간섭과 같은 측면이 있고, 그렇게 되면 당사국들이 싫어할 수도 있겠다 싶었던 거죠. 또 일본의 국익에도 반하고요. 그래서 바꾼 것이 인도 태평양 전략이었어요. 처음에 자유와 번영의 호가 1기, 아베 내각에서 주장한 인도 태평양 전략이 2기입니다.

미국에서 주장한 가치 외교는 현재 세계가 민주 국가와 독재 국가가 대립하고 있다는 겁니다. 민주주의와 권위주의가 대립하고 있는데, 미국 중심의 민주주의 국가가 소위 동맹을 통해 민주주의를 강화하자는 내용이죠. 전 세계적으로 민주주의의 후퇴가 일어나고 있는데, 이는 독재를 유지하고 민주 정부를 무너뜨리려는 중국과 러시아에 가장 큰 책임이 있다는 말입니다. 그런데 이제는 이런 주장이 안 먹히니까 민주주의 국가끼리 뭉쳐서 저 나라들을 견제 내지는 대결 구도를 강화해야 한다고 한 거죠. 어떻게 보면 민주평화론이에요. 민주평화론도 민주주의 국가들이 힘을 합해서 평화를 지키기 위해 전쟁도 할 수 있다는 논리거든요.

이게 초기 기독교에서 말했던 평화론의 변화 과정과 아

주 유사합니다. 원시 기독교는 절대 평화주의였어요. 이것이 결국은 어떻게 바뀌느냐면, 기독교가 로마의 공인을 받은 이후에는 전 세계인을 기독교인으로 교화시킬 때까지 전쟁을 계속 수행해야 한다고 했는데 이게 정의로운 전쟁론이거든요. 도덕적 호전주의와도 다르지 않은데, 문제는 이런 미국 주도의 가치 외교가 동맹국의 부담을 가중시킨다는 점입니다. 그래서 일본은 여기에 깊게 안 빠지려고 하죠. 최근에 아사히신문에서 미국 주도의 가치 외교가 일본의 경제적 부담을 가중시킨다는 칼럼을 낸 적도 있고요.

김현종 그래서 우리는 어떤 방향으로 가야 하나요?

노영민 결국 외교는 가치, 이익 그리고 균형을 의미하거든요. 그런데 이게 제대로 되려면 신뢰가 그 전제로 깔려야 합니다. 국제관계에서 신뢰는 그야말로 핵심 가치입니다. 초강대국이 아닌 대한민국의 외교가 나아갈 길은 다자주의를 강화하는 방법입니다. 초강대국은 다자주의를 싫어해요. 1대1로 하면 다 이기잖아요. 지금 이미 다자주의의 상징과도 같았던 WTO 체제가 사실상 붕괴했어요. WTO에 위배되는 행위가 너무 많이 발생했습니다.

그런데 이에 대해 제소하면 누군가 이를 심판해야 하잖아요. 중재재판부가 1심과 2심이 있는데요. 2심을 진행할 위원들 자리가 전부 공석이에요. 미국이 후임 뽑는 것을 방해하고 있습니다. 그러니까 재판부가 구성이 안 돼요. 이게 벌써 몇 년이 됐는지 몰라요. WTO 체제는 강제력을 잃었어요. 그 덕분에 이익을 보는 나라는 초강대국들뿐입니다. 우리와 같은 중견 국가들이 가장 큰 피해를 봅니다. 이제 막 성장하는 나라들은 기본적으로 국제무대에서 선진국이나 초강대국과 경쟁할 수 있는 상품이나 서비스를 생산하고 있지 않아서 피해를 볼 일이 없거나 생겨도 작습니다. 그래서 우리는 어떻게든 다자주의 회복을 위해 노력해야 합니다.

또 하나는 사물을 보는 관점이 다 다르다는 점인데요. 보편 가치는 당연히 존중해야겠지만, 가치를 이야기하는 것이 차이를 강조하는 것이 되어서는 안 됩니다. 우리가 주장하는 가치와 상대가 주장하는 가치는 다를 수 있어요. 그래서 외교를 한다는 것은 차이를 이야기하는 것이고, 때에 따라서는 타협의 여지가 없는 경우도 있지만, 그래도 항상 서로 간의 차이를 찾기보다는 공동의 이익을 찾아 나가야 합니다. 외교도 그렇고 통상도 그렇고 공동의 이익에 기반을 두어야 한다는 뜻입니다. 절대로 한쪽의 이익에만 기반을 두거나 한쪽의 이익을 상대에게 강요하면 안 됩니다. 우리 같은 중견국은 그런 노력을 더 많이 해야 하고요. 다자주의 회복과 공동의 이익을 찾아가는 노력, 이 두 가지가 핵심입니다.

7장

상호 인정과 국민통합:
어떻게 국민통합을 이룰 것인가

김현종 × 노영민 × 민병두 × 이원재

김현종 국민통합 이야기를 수평적 관점보다는 수직적 관점에서 해보고자 합니다. 통합에 관한 이야기를 시작하기 전에 우선 지금은 한마디로 TK와 호남의 대결 구도 속에서 서로에 대한 앙심이 많이 커졌고, 노무현 대통령 서거 이후 최근 20년 동안 주거니 받거니 하다 보니 이번 대선에서도 그런 갈등 양상이 쉽게 풀리지 않은 듯 보였습니다.

그래서 이 문제가 새 정부를 수립하고 예산을 지원하고 인사 기용을 잘한다고 해서 해결될 일은 아니라고 생각합니다. 그러니까 홍준표가 돌아와서 입각하면 TK 민심이 따라오겠느냐, 김문수가 오면 따라오겠느냐 하는 이야기입니다. 예전에 김종필이나 김영삼이 활동하던 상황하고는 좀 다르죠. 마찬가지로 부산에다 현대상선을 옮겨주거나 한다고 해서 부산 민심이 따라올까요? 그런 방식보다는 지금 민주화 세력과 산업화 세력의 대표 주자들이 물론 세대로 구분되어 있고, 지역적으로도 호남과 TK로 구분되지만, 그래도 서로를 인정하고 칭찬해주는 데부터 시작해야 하지 않을까 합니다. 우리에게 그런 부분이 좀 빠져 있었고, 특히 이런 풍토가 만들어진 데는 86세대의 책임도 좀 있다는 이야기입니다.

영화 〈남산의 부장들〉을 보면 김규평(김재규)이 미국에 박용각(김형욱)을 만나러 가서 대화하는데 박용각이 "다 같이 죽자 동네 한 바퀴"라고 노래를 부르잖아요. 요즘 우리나라 현실이 딱 이런 상황 같습니다. 그러니까 지금 내부 문제, 그다음에 세계화나 일부 붕괴의 조짐 같은 외부 문제까지 안팎으로 여러 문제가 있는데, 정말 대한민국이 정부 수립 이후 80년 만에 최대 위기 상황에 놓였음을 인정하면서도 먼저 양보하고 먼저 통합하기가 싫은 거예요. 그래서 다 같이 스크럼 짜고 멸망의 구렁텅이로 걸어가고 있지 않은가 싶습니다. 대선 전에는 양쪽이 다 그랬고, 대선 후에도 보수 쪽은 그런 마음이 좀 있는 듯해요.

다만, 한 가닥 청신호를 찾아본다면 영남의 광역시·도별 투표율과 득표율을 볼 필요가 있습니다. 그간 돌아가신 분이 꽤 있어서 총 유권자 수는 줄었어요. 물론 이는 지난 3년 동안 모든 지방자치단체가 다 겪은 일이죠. 하지만 투표율이 올라서 총 투표자 수는 좀 늘었고, 그만큼 이재명 후보가 표를 더 얻었습니다. 호남의 민주당 지지도 최근 서너 번의 대선 중에서는 역대급으로 높았습니다. 이재명 후보가 순

천에 갔는데, 비가 와서 우중 유세를 해야 했는데도 수천 명이 안 흩어지고 기다리고 있었다고 하잖아요. 이번에 호남이 발끈했죠. 마음속으로 윤석열에 대한 뿔따구가 엄청났던 거죠. 한마디로 아직도 서로를 앙앙불락(怏怏不樂)하고 있는 것이 지금 우리 현실입니다.

1. 지역, 성별, 세대, 이념

이원재 지역 문제는 심각하게 볼 수도 있지만 시간이 지나면 없어질 것 같아요. 물론 세대 갈등 문제가 점점 커지고 있다는 점은 사실입니다. 저는 이번 대선 결과를 조금 다르게 해석합니다. 지금 대학에 다니는 딸을 통해 20대 대학생, 특히 20대 여성 이야기를 많이 듣는데, 그 또래들 중에 이번 대선에서 이준석 후보를 찍은 사람이 많다는 느낌을 받았습니다. 실제로도 대선 전 조사에서 지지율이 10% 넘게 나왔고요.

지금 주로 40~50대가 해석할 때 자꾸 20대 여자는 페미니즘으로, 20대 남자는 반 페미니즘으로 보고 그 틀에다 끼워 맞추려고 하는데, 실제로는 그렇지 않다는 거죠. 20대는 그냥 이 세계에 대해 굉장히 다른 생각을 하고 있다는 것입니다. 다른 이해관계가 있다는 거죠. 그래서 지금 40~50대,

그리고 60대가 하는 정치니 기업이니 하는 것들이 20대에게는 뭔가 좀 삐걱거리고 안 맞는다는 뜻입니다. 이렇게 앞으로도 계속 안 맞을 것이 분명한데요. 왜냐하면 지금까지 기성세대들이 해온 일들은 대부분 고도 성장기의 일이었거나, 시대적 위기를 극복하기 위해 했던 일이었습니다. 이제는 0% 저성장 시대잖아요. 그런 미래가 분명한 상황에서 세상은 똑같이 돌아가고, 자기들은 수동적으로 따라야 하는 상황이죠. 그런 부분에서 느끼는 점은 사실 남성이나 여성이나 마찬가지 같습니다.

그래서 여기에 반발해서 뭔가 다른 이야기를 하고 싶은데, 민주당이 페미니즘을 동원해서 청년의 이격을 막은 거예요. 이쪽에서는 항상 이준석이 반 페미니즘을 이용해서 청년을 이격했다고 이야기하잖아요.

김현종 그러니까 민주당이 페미니즘이란 수단 또는 무기를 통해 청년 세대가 민주당과 결별하는 상황을 절반이나마 막아냈다는 뜻인가요?

이원재 그렇죠. 20대 대선에서 박지현 당시 공동비상대책위원장이 들어왔을 때부터요. 일부는 문재인 정부 시절에 시작했고요. 페미니즘 논쟁이 격해지는 동안은 이래저래 어떻게든 끌고 왔는데요. 이번 대선에서는 그런 부분을 강조하지 않으니까 다시 원상복귀하기 시작한 듯합니다.

김현종 그런데 지금 통계를 보면 20대 남성의 대통령은 이준석이에요. 제일 많이 득표했습니다.

이원재 그렇죠. 37%였더라고요. 그런데 이 청년 세대는 커뮤니티 같은 데서 이상한 반 페미니즘 이야기를 가져와서 그것을 믿는데, 이준석이 이와 똑같은 이야기를 하기 때문에 신뢰하는 부분도 있습니다. 그런 사람이 37%를 다 차지하지는 않겠지만, 어느 정도는 사실인 듯합니다. 그 외에도 스타일이나 여러 이유가 있겠지만요. 어쨌든 이미 청년의 이격은 상당히 진행되고 있었던 거예요. 이 문제에 접근할 때 또 페미니즘이냐 반 페미니즘이냐로 접근하게 되면 이 시도는 실패할 것입니다. 물론 페미니즘으로 접근해서 성공할 수도 있겠지만, 반만 성공하는 거죠. 청년 유권자의 절반을 버리고 나머지 반에 집중하겠다는 것입니다. 결국 이준석의 전략하고 똑같아요.

김현종 그러니까 세대 문제를 격화하거나 완화하는 요인으로써의 젠더는 여전히 유효하다?

이원재 그렇게 생각하면 안 된다는 이야기입니다. 그런 프레임은 어떻게 보면 정치인들이 20대를 유형화하려고 만든 것입니다. 이준석도, 그 반대편도 그렇게 했습니다. 그래서 똑같이 반반 이겼는데, 실제 문제의 기저에는 다른 점이 있다고 봐야 합니다. 아마 일자리하고 관련 있을 것 같아요. 통계를 보면 20대 이직률이 가장 높습니다. 20대의 취업도 늦지만, 이직률도 엄청나게 높아서 20대 노동시장만 끊어서 보면 거의 노동시장이라고 말할 수 없을 정도거든요. 정규직으로 일하는 사람이 거의 없고, 정규직으로 취업한다고 해도 대부분 1~2년 만에 그만두기 때문에 이직 평균 수치 같은 자료를 보면 약간 이상한 통계가 나옵니다. 몇 달 만에 다 이직한다고 나온다는 뜻이에요. 지금 노동과 관련해서 굉장히 심각한 문제가 있다는 겁니다.

김현종 국민통합과 분열 측면에서 보면, 세대 문제라는 새로운 분열 요인은 더 커지고 있다는 이야기네요. 지역 요인은 점차 줄어들고 있고요.

노영민 같이 일했던 사람 중에 젊었을 때 평생 민주노총 활동을 했던 분이 있어요. 극단 청사라고 초창기에는 충북에서 극단 일도 했고, 그 이후에는 도종환 의원실에도 근무했다가 우리 청주 사무실에서도 일한 분인데, 이분 아들이 지금 20대입니다. 이분 말씀이 지난 대선 때 자기 아들이 민주당 후보인 이재명을 안 찍었대요. 그랬는데 이번에 또 이준석을 찍는다고 그래서 대판 싸웠답니다. 결국 아버지가 아들을 설득하지 못한 거죠.

나중에 아들이 A4 용지 서너 장 분량으로 자기가 왜 이준석을 지지하는지에 관해 적어서 아버지한테 줬다고 합니다. 그분이 너무 충격을 받아서 나한테도 복사해서 줬어요. 읽어보라고요. 그 이야기를 들으면서 지금 젊은 세대가 기성세대인 우리가 쉽게 생각하듯이 무슨 커뮤니티나 애먼 데서 이상한 정보를 보고 거기에 휩쓸려서 정치인을 선택하지 않는다는 생각이 들었습니다. 그들 나름대로 어떤 논리적인 이유가 있는 거예요. 이준석 후보를 지지하는 데도 다 이유가 있다고 봐야 합니다. 우리 세대의 편견처럼 생각하지 않는다는 거죠.

사실 우리나라는 대선에서 제3자나 제3세력의 득표율이 잘 안 나오는 나라였습니다. 개인적으로는 처음에는 이준석이 5%를 넘긴다고 생각하지 않았는데, 지나면서 보니까 이러다가 8%도 넘기겠다는 생각이 들었고요. TV 토론에서 이준석이 실수했을 때도 그 실수 때문에 표가 그렇게 많이 빠지지는 않을 수 있겠다고 봤습니다. 이준석한테 가 있는 표는 그런 문제로 움직이는 표가 아니라고 느꼈어요.

김현종 이를 단순한 세대 문제가 아니라 국민통합과 분열

중 분열 요인으로서 세대 문제를 봐야 할 듯합니다. 통합하려면 분열 요인이 뭔지 알아야 하는데, 과연 그것이 무엇일까요?

노영민 세대 문제가 아니라 이념 문제를 잠시 이야기했으면 하는데요. 그러니까 보수와 진보라는 두 이념에 관해서요. 예전에 문재인 대통령이 했던 말씀인데, G7이 됐든 G20이 됐든 정상회담에 가면 특히 유럽의 지도자나 정상이 자기 나라는 이제 큰일 났다고 이야기한대요. 무슨 말이냐면 유튜브 알고리즘이 상징하는 정치 이념의 양극화가 단지 한국만의 문제가 아니라 전 세계적인 현상이라는 뜻입니다. 유럽의 정상들이 19세기 말이나 20세기 말에 일어난 세기말적 현상처럼, 21세기 말의 세기말적 현상이 미리 나타났다고 하더랍니다. 그러면서 옛날에는 정책 이념이 이 정도로 양극화가 되면 내전이나 세계대전으로 귀결됐다는 거예요. 그래서 전부 무너뜨리고 새로운 질서를 구축하는 방식으로 해결했다는 뜻이죠. 하지만 이제는 그런 세상이 아니잖아요.

김현종 왜 지금은 전쟁이 발발하지 않죠? 물론 지금도 전쟁이 여기저기서 조금씩 벌어지기는 하는데 세계대전급 전쟁은 없죠.

노영민 문제 해결 수단으로써 전쟁이 가져다주는 효용성이 옛날 같지가 않죠. 옛날보다 많이 떨어집니다. 왜냐하면 얻을 수 있는 이익과 그 반대급부인 피해를 계량할 때 피해 쪽이 너무 크거든요. 옛날하고 다릅니다. 그래서 전쟁이 외교의 최후 수단인 동시에 내부 갈등 해결의 최후 수단이라고들 이야기하지만, 전쟁으로 문제를 해결하려고 할 때 원하는 바를 얻어내는 득보다 그 과정에서 생기는 실이 너무 크다는 사실을 일반 국민도, 정치인도 다 알죠. 그래서 이는 정말 극단적인 상황에서만 선택할 수 있는 수단입니다.

김현종 19세기 말이나 20세기보다 지금이 한마디로 훨씬 잘 살고 있기 때문이기도 하죠. 생활수준이나 의료 수준은 올라갔고, 과학기술이나 무기의 파괴력은 훨씬 더 발전했기 때문에 큰 전쟁을 통한 사회문제의 해결이 타산이 안 맞는 장사가 됐습니다.

노영민 그래서 고전적인 문제 해결 방법은 이제 현실에 맞지 않고, 유튜브 알고리즘 때문에 오히려 문제는 심해지고 있는데, 새로운 해결 방법이 없다고 하소연한다는 거예요. 그러니까 전 세계 정상들이 모여서 '당신네 나라는 어떠냐? 얼마나 심각하냐?', '어떻게 이 문제를 다루고 있냐?' 등과 같이 서로 물어본다고 합니다.

2. 분열된 유권자

민병두 분열은 정치의 생산과 소비 방식의 차이에서 비롯한 결과라고 봐야 해요. 정치의 생산에서 분열이 시작되었고요. 이를 소비하는 진영이 형성되었지요. 보수 진영은 크게 네 가지 그룹으로 형성되었습니다. 영남 지역이라는 큰 덩어리가 있고, 강남의 기득권, 정치화된 개신교 보수, 2030 남성 세대입니다.

2030 남성 세대가 보수 재생산의 주축인데요. 40대와 50대, 60대 초반에 해당하는 사람들은 민주 대 반민주의 독법으로 세상을 이해합니다. '우리는 이렇게 살았어. 우리가 정당성을 갖고 있어. 이 세상을 보는 구도는 민주 대 반민주야. 기준이 그러니까 너희들 2030세대도 민주당을 택해야 하는 거야'라는 생각을 하고 있어요. 그러면 우리 전 세대, 그러니까 60대 후반부터 70대, 80대 이상은 어떠냐? 이 세상에는 반공과 자유밖에 없습니다. 갑자기 그들의 자식뻘인 4050이 민주주의를 이야기하니까 황당한 거예요.

민주 대 반민주 세대의 코호트(cohort, 특정한 행동 양식을 공유하는 집단)가 있습니다. 50대는 젊은 시절 광주민주화 운동을, 40대는 어린 시절 전교조를 경험한 세대입니다. 그러면서 지금의 40대, 50대와 60대 초반까지는 민주·반민주가 자기들 세계의 전부가 됐습니다. 민주당의 콘크리트 지지자가 된 거고요. 이들은 2002년 노사모 때는 2030세대였습니다. 당시에 5060세대는 보수였고 40대가 중간 지대라고 했습니다. 인구구조로도 그랬습니다. 당시 선거에서는 40대를 누가 차지하느냐가 관건이었죠. 그런데 20년쯤 지나고 나니까 그때 2030세대가 나이를 먹어서 지금 40대와 50대, 60대 초반이 됐습니다. 이제 사회의 중추 세대죠. 이들은 이제 우리가 사회의 중심이 되었고, 그다음 세대가 자신들을 다 따라야 한다고 생각합니다.

그런데 집에 가서 아들딸하고 대화해보면 아이들이 무슨 이야기를 하는 거냐고 말하죠. 옛날이랑 똑같은 상황이 된 것입니다. 우리 어렸을 때 아버지들이 맨날 저 북한이 쳐들어오면 어떡할 거냐고, 큰일 난다고 하면 들은 척도 안 했잖아요. 지나간 세대의 얘기로 들었습니다. 지금 청년 세대도 마찬가지로 듣는 척도 안 합니다. 여러 가지 이유가 있습니다. 하나는 세상이 민주·반민주라는 세계관으로는 작동이 제대로 안 된다고 보는 겁니다. 지금 젊은 세대는 이미 민주주의를 누리고 있어요. 민주화된 세상에서 그들이 생각하는 문법은 우리가 알던 세계관의 문법과 다릅니다.

그다음에 지금 젊은 세대는 부모 세대, 베이비붐 세대가 단군 이래 경제적으로 가장 큰 혜택을 누릴 수 있는 시대에 살았다고 봅니다. 물론 어렸을 때는 약간의 보릿고개를 경험하기도 했지만요. 어쨌든 기성세대는 경제성장의 최고 정점기에 치고 올라와서 선진국 문턱까지 자기들이 만들었다는 자부심이 있습니다. 하지만 지금 청년들은 자신들이 선진국에 태어났는지 아닌지는 잘 모르겠는데, 어쨌든 현재 수준에서 곧 추락할지도 모르는 세상에 사는 거예요. 그런 조짐이 피부로 다가오기도 합니다.

김현종 그렇다면 혹시 이 세대 간의 인식 차이는 통합의 대상이 안 된다고 보시나요? 어차피 아랫세대가 윗세대를 들이받고 극복하는 것은 피할 수 없는 일이니까 통합을 논의할 계제가 아니라고 봐야 하나요?

민병두 아니죠. 오히려 그 맥락을 읽어야 하죠. 정치를 하려면 읽어야 합니다. 통합은 대통령의 과제입니다. 대통령이라면 분열의 정치, 진영 논리의 맥락을 파악해야 합니다. 개신교의 보수화를 어떻게 할 것인가, 20대와 30대 초반을 어떻게 할 것인가, 여기에 관한 해답을 찾으려면 먼저 그들의 생각을 파악해야죠. 영남 지역주의는 조금 다른데, 이것은 제도화의 문제로 접근해야 합니다. 또 고전적인 정치의 문법으로 해결해야 합니다. 내각제의 도입이나 선거제도 개편, 상징적인 정치인의 결합이 해법이 될 수 있습니다.

 마지막으로 강남 기득권에 관해서만 잠깐 설명하면, 여기는 이제 계층 사다리의 승자가 되었어요. 계급의 대물림에 따라 민주당과 이재명 정부에 대한 태생적 적대감만 남아 있어요. 만나 보면 금방 압니다. 이번 대선 때도 투표 종료 4시간을 앞두고 서울 강남하고 TK에서 투표장으로 뛰쳐나오는 놀라운 일이 일어났어요. 내란 국면에서 그 정도의 역결집이 일어날 줄 몰랐어요.

김현종 마치 1987년과 1992년의 광주를 보는 느낌이었어요.

민병두 지역 분열로 치러진 1987년 선거, 그리고 3당 통합과 이에 대한 반발로 생긴 평화민주당의 황색 바람으로 1992년 선거에서 상호 간에 결집했지요. 그런데 한 가지 역사적으로 다른 밑바닥이 있었잖아요. 계엄과 내란을 경험하지 않았습니까. 그런데도 보수는 50%를 지켰어요. 이는 계급적 본능과 진영 의식이 내재화되어 있어서 그런 것이라고 볼 수밖에 없어요. 완전히 적대화된 분열이죠. 심리적 내전을 투표로 표현한 거예요. 윤석열이 총을 들고나왔다면, 보수는 투표용지를 들고나온 것이지요.

노영민 대선 패배가 확실하고 승리를 기대할 수 없는 상황이었다면 포기했을 것입니다. 그 때문에 우리는 계속 여론조사에서 10% 이상 차이가 유지돼야 한다고 봤죠. 그래야 선거판이 덜 혼탁해지리라 기대한 겁니다. 김문수 지지층의 결집도 약해질 것이라고 예상했는데 마지막 여론조사에서 저쪽이 상승하는 결과가 계속 나왔고, 우리 쪽에서 저지른 말실수를 저쪽에서 극한까지 이용했습니다. 청주 같은 곳은 도시에 걸린 모든 플래카드를 다 교체했어요. 싹 교체하고 하나로 통일했습니다. 뭐라고 붙였는지는 다들 아실 겁니다.

민병두 대선 초반에는 국민의힘이 정비가 안 돼서 캠페인에서도 밀렸어요. 후보 현수막과 함께 정당 현수막도 걸 수 있는데, 이재명 후보 선거법 위반 사건에 대한 이슈화를 제대로 못 하더라고요. '6월 대선, 7월 공민권 박탈, 9월 대통령 보궐선거' 같은 현수막이 나올 법한데 전혀 움직임이 없었습니다. 그러다가 마지막에 김문수 후보 배우자의 학력을 비하하는 듯한 발언이 나오자 이를 계기로 공세적인 캠페인을 벌이더군요. '고졸 엄마, 고등학교 밖에 못 나와서 미안하다' 뭐 그런 식으로 정당 현수막을 내걸고 결집을 시도했어요.

노영민 그 지역의 보수 유튜버들이 집중적으로 선전했던 이슈도 바로 플래카드 이슈였고요. 이와 함께 '쫓아가고 있다. 마지막에 우리가 역전할 수 있다. 투표장으로 나와 달라'라고 호소했던 거예요.

김현종 우리는 그냥 서울에 앉아서 다 이긴 선거라고 생각했는데, 현장에서는 끝까지 장난이 아니었네요.

민병두 2004년 총선에서 노무현 대통령 탄핵으로 인한 역풍으로 보수정당이 입도 벙긋하기 힘든 시간이 있었습니다. 그런데 노인 폄하라는 핑곗거리가 나오자 대대적인 역결집을 했어요. 잠깐 잠복해 있었던 겁니다. 그러다가 명분과 계기가 생기자 투표장으로 튀어나왔어요. 지금도 마찬가지입니다. 보수는 반드시 투표합니다. 질 것 같은 선거에서도 결집하지요. 그만큼 우리 사회에 분열과 대립의 강도가 강하다는 징표입니다. 2004년 선거 때도 보수가 결집했는데, 2007년 대선 때 민주당 지지자들은 절반이 투표를 안 했습니다. 보수는 이기나 지나 앉으나 서나 비가 오나 눈이 오나 반드시 투표합니다. 이것이 본질이에요. 그들은 자신들이 나라를 구해왔다고 생각합니다.

김현종 자기들이 나라를 구했다고 생각하죠. 그리고 이 나라는 자기들 것이라고 생각하고요.

민병두 기득권이고, 절대 이 안방을 내줄 수가 없고, 이 나라는 자기들이 만들었다고 생각해요. 그것이 내재화된 DNA입니다. 그래서 아무리 이기기 힘든 선거라고 해도 투표를 안 하지 않습니다. 그런데 진보는 그 사람이 잘 못하면 투표하러 안 나가죠. 마음에 안 들면 또 안 나가고요. 그것이 자유주의라고 생각하기 때문입니다. 그런 차이가 있습니다.

이원재 그런데 그것도 좀 인식의 차이가 있다고 봅니다. 20대는 예를 들어 유시민과 고성국을 비교하거나 이재명과 김문수를 비교했을 때, 당연히 유시민과 이재명이 나라의 주인이라고 생각하는 거예요. 86세대가 나라의 주인이고 민주당이 기득권을 쥐고 있다고 봅니다. 국민의힘은 그냥 옆에 딸려 있는 사람들이고요. 어떻게 보면 떨거지들이나 다름없는데 가끔 가다 정권 잡는 집단으로 간주하죠.

민병두 그 이야기가 그 이야기입니다. 젊은 세대에게는 앞서 언급했던 40대, 50대, 60대 초반이 나라의 주인입니다. 허리 세대이기도 하고요. 60대에서 70대 넘어가는 할아버지, 할머니는 이 나라의 주인으로 안 봐요. 소위 젊은층이 '틀딱'이라고 비하해 부르는 그 사람들을 더는 나라의 주인으로 안 보고 86세대, 허리 세대를 나라의 주인이라고 합니다. 젊은 사람들 입장에서는 정치적인 측면에서 그들이 싫어지기 시작한 거죠. 계속 옛날 문법만 쓰면서 자기만이 나라를 구할 수 있다고 하고, 자기를 따르라고 하니까요. 청년들은 지금 세상이 얼마나 바뀌었고, 문법도 달라졌는데, 아직도 저러고 있나 싶은 거죠. 결국 그들이 볼 때에는 구시대의 문법일 뿐입니다.

3. 보수적 개신교와 국민통합

김현종 앞서 민병두 전 의원이 언급하신 보수의 네 그룹을 이재명 정부 내지는 민주당이 하나하나씩 관리해야 할 텐데요. 어떻게 해야 될까요?

민병두 영남 보수 문제는 앞서 언급했던 이원재 박사님의 얘기대로 고령화가 진행되면 자연스럽게 완화되는 측면이 있습니다. 한 30, 40년 걸리겠지요. 김대중 얘기만 나와도 빨갱이 하던 시절이 있었잖아요. 그런데 대선에서 민주당 후보가 TK에서 20%대 득표를 기본으로 하고 있고, 부울경에서는 40% 안팎으로 득표하는 시대가 되었어요. 30, 40년 전에 비하면 큰 변화죠.

김현종 세월이 약이네요.

민병두 수도권 집중 현상도 있고, 지방은 갈수록 소멸되니까 정치적 비중 면에서도 과거 같지 않을 겁니다. 그래도 그

때까지 이 갈등을 방치할 수는 없잖아요. 현재로서는 제도적인 해결 아니면 정계 개편 두 가지밖에 없습니다.

제도 개편은 개헌으로 국민을 과연 어떻게 통합할 수 있을지 관건이겠죠. 그런데 이왕 개헌하겠다고 하면 생각할 것들이 좀 있습니다. 우선 역대 대통령들은 직접 개헌 이야기를 먼저 했어요. 노무현 대통령은 대연정으로 정부 운영권도 내주겠다고 하면서 지역 구도를 바꾸는 선거제도 도입을 제안했어요. 박근혜 대통령도 먼저 원포인트 개헌을 이야기했어요. 문재인 대통령은 헌법 전문부터 부칙까지 다 만들어서 아예 완성본을 내놨죠. 그런데 그렇게 하면 절대로 개헌이 안 됩니다. 개헌은 국회가 하라고 해야 해요. 국회가 주도권을 잡아야 합니다. 그 대신, 이 기회를 놓치지 말고 내년 지방선거 전까지는 꼭 해야 합니다.

영수 회담을 해서 야당이 원하는 것을 경청할 필요가 있습니다. 그러면서 개헌은 야당이 주도해서 하라고 해야 합니다. 단, 헌법 전문에 5·18 정신을 넣어 달라고 해야 하고요. 솔직히 권력 구조는 민주당에서 만드나 국민의힘에서 만드나 별 차이 없습니다. 이원집정부제가 맞을지 4년 중임제가 맞을지 내각제가 맞을지는 잘 모르겠습니다. 하지만 이런 방식으로 개헌을 추진하는 것이 국민통합으로 가는 길이라고 봅니다. 이렇게 하면 기본권 분야에서도 더 많은 타협을 이루어 낼 수 있지요.

김현종 너무 제도적인 접근 아니에요?

민병두 개헌을 한다면 내각제가 대한민국 정치의 틀을 바꿀 수 있다고 봅니다. 내각제로 가면 영남 소수파 정당이 생길 수도 있거든요. 극우화된 국민의힘을 대체할 수 있는 정당의 출현이 가능하다고 봅니다. 아니면 국민의힘이 중도로 수렴이 되겠지요.

김현종 그 부분은 교섭단체 조건만 완화해도 할 수 있지 않나요?

민병두 교섭단체와 별개의 문제죠. 내각제는 근본적으로 다당제를 전제로 하잖아요. 그렇게 하면 영남에서는 단일 정당으로 갈지, 아니면 지역 정당이 생겨서 영남의 극우화된 지역주의를 극복하려고 하는 대체 정당으로 갈지 결정해야겠죠. 개인적으로는 대체 정당이 생기면서 복수 정당 체제로 간다고 봅니다. 그러면 영·호남의 지역주의 문제는 조금 더 통합적으로 갈 수 있는 길이 하나 생긴다고 보는 거죠.
 그다음에 개신교 보수주의 이야기를 하면, 1988년쯤 한국기독교교회협의회(KNCC)가 굉장히 강했습니다. 그때는 민중 신학, 해방 신학부터 시작해서 전부 KNCC 산하에 있었고, 한창 전성기였죠. 그러다가 KNCC가 남북 간의 통일

선언을 하면서 파가 완전히 갈라서고, 보수파가 모여서 한국기독교총연합회(한기총)가 생겼습니다. 반공이 DNA인 한국 개신교 보수파가 총결집한 것입니다. 이제는 이 세력이 대세가 됐고요. 거리 집회든 돈이든 모든 동력이 다 거기서 나오거든요. 개신교 내에도 에큐메니컬 운동(교회 일치 운동)을 하는 사람들이 소수파에 해당하는데, 이들에게도 지금 정치화된 개신교 보수주의를 어떻게 극복할지가 굉장히 중요한 문제입니다.

김현종 그러니까 소위 말하는 아스팔트 우파의 실체는 개신교 보수주의라는 말씀이시죠?

민병두 역사적으로 보면, 2000년대 초중반부터 시작해서 보수의 동원력을 책임지고 지탱해온 셈입니다. 보수는 역사상 김대중·노무현 두 번의 진보 정권을 처음 경험했고, 노무현 대통령 탄핵 역풍으로 완전히 무력화되어 소수파로 밀리는 경험도 하게 되었습니다. 보수정당으로서는 처음 경험하는 일이지요. 독재 권력이라는 울타리 아래서 호의호식하다가 처음으로 길거리에 나앉기가 쉽지 않았어요. 이때 구원의 손길을 내어준 것이 보수 개신교였습니다. 반공을 DNA로 한 개신교는 잇따른 남북정상회담이 불편했는데 서로의 이해가 맞아떨어진 거죠. 그래서 국가보안법 폐지 등 이슈를 놓고 연대를 한 겁니다.

노영민 당시에 사학법 개정 때문에 종교재단이 전부 다 들고 일어났을 때, 보수 개신교가 결정적으로 정치에 개입하기 시작했습니다.

김현종 그런데 그 사람들이 오랫동안 세력을 떨칠 수 있을까요? 개신교 규모 자체가 점점 줄어들고 있지 않나요?

민병두 개신교가 2015년에 인구 통계상으로 불교를 넘어서는 최대 종교가 되기는 했지만, 그 이후부터는 성도 수도 줄고 개신교에 대한 신뢰도가 많이 떨어진 것도 사실이죠. 일단 절대적인 인구가 줄어들면서 대형 교회가 골목 시장까지 침투하기 시작했어요. 개척 교회나 자립 교회 같은 교회 생태계가 거의 파괴되었어요.

김현종 이것도 일종의 부익부 빈익빈 같습니다. 시장 여건이 안 좋아지면서 큰 교회만 살아남았죠.

민병두 사실 작은 교회는 정치니 뭐니 그런 것에 신경 안 씁니다. 지금 거리에서 하는 운동은 전부 중견 교회나 대형 교회가 합니다. 종교 시장이 자꾸 작아지거든요. 시장을 지키려면 어떻게 해야 할지 고민하다 결국 선과 악의 최종 결전이라는 논리를 만들어내기로 한 것입니다. 종교적 성전의 상대는 누구냐? 이슬람이나 동성애 같은 거죠. 여기에 이제 반공이나 반중 같은 대상이 추가로 생긴 거예요. 그러니까 우리의 구세주인 미국의 성조기를 들고 적들을 몰아내는 일이 이제 그 사람들한테는 성경 다음의 가치가 되는 것입니다. 그래서 계속 적을 만들어내는 거고요.

노영민 그러니까 하나는 선교의 열정이고, 또 하나는 성전, 선과 악의 최종 투쟁, 이 두 가지가 개신교가 본질적인 측면에서 교세를 확장하는 핵심인데, 지금은 선교 쪽으로 나가기가 상당히 어려워졌어요. 기본적으로 이제 인구가 신생아 출생도 줄고 젊은 층도 줄어들면서 선교할 사람이 적어졌고, 경제 수준이 높아지면 탈종교화하는 사람도 많아지니까 선교 쪽이 어려워집니다. 그러면서 나이 드신 분들이 선교의 열정으로 쏟아야 할 종교적 신앙의 표출이 성전 쪽으로 다 간 거죠. 처음에는 동성애, 이슬람 등이 핵심이었는데, 여기에 반공 이데올로기가 결합하면서 보수를 결집하는 요인이 됐고, 진보와의 이념적인 투쟁까지 종교적으로 미화해서 현재의 보수 개신교가 움직이고 있습니다.

김현종 국내외 선교를 통해 교세를 확장하려는 일종의 햇볕 정책이 아니고, 시장 확장이 힘들어지니까 그 대안으로 이미 교회를 지키고 있는 사람들의 신앙 강도를 높이는 쪽으로 바뀌었다는 말씀이네요.

민병두 그래야 위기의식이 생기니까요. 이제 곧 종말이 오고 휴거(Rapture, 모든 기독교 신자가 죽은 후 부활하고 살아있는 신자들과 함께 구름 속에서 주님을 만나 공중으로 올라가는 사건)가 있는데 자기는 동성애가 아니어서 선한 사람으로 인정을 받고, 빨갱이가 아니니까 휴거가 될 것이라는 논리로 교회에 가면 위안을 받을 수 있는 구조란 말이에요. 그래서 민주당이나 진보 쪽에서 차별금지법이나 동성애 문제를 다루기가 굉장히 힘듭니다. 이슬람은 사실 한 10년 전만 해도 큰 악의 축이었는데, 어차피 이슬람이 대한민국에서 세를 펼치기는 어렵거든요. 하지만 2024년 10월 건강보험에 동성 커플을 인정해주는 법이 통과됐어요. 결정적인 이슈죠. 윤석열이 내란을 일으키기 직전에 개신교가 이 이슈로 신자들을 총동원하는 사례가 있었습니다.

김현종 개신교의 입장에서 볼 때 이것은 큰 악이 나타난 사건이겠네요.

민병두 게다가 반공 같은 문제는 다 옛날 어젠다라고 봤는데, 갑자기 반중이 등장했습니다. 반중은 시장 중에서도 가장 큰 시장이에요. 젊은 사람들까지 확장할 수 있는 이슈죠. 2030세대는 경제적인 관점에서 어느 정도 반중 정서를 갖고 있거든요. 그래서 종교 시장의 초점이 그쪽으로 옮겨 가는 거예요. 마침 윤석열과 국민의힘도 반중, 혐중 정서에 편승을 했고요.

그러니까 보수 진영의 이런 논리적 흐름을 보고 대응을 해야 되는 거예요. 보수 진영을 포섭하려면, 저쪽에서 만드는 반중 논리 같은 악이 실제로는 악의 대상이 아니라고 설득할 수 있어야 합니다. 저쪽이 만든 악은 허상이라는 사실을 이쪽에서 보여 줘야죠.

김현종 다른 교파가 현재의 개신교 흐름을 주도하는 교파들을 제압할 가능성은 없고, 정부로서는 정치와 종교와의 관계를 다루기가 좀 민감하고 애매한 문제겠네요. 이재명 정부는 이 문제를 쳐다만 보고 있어야 할까요? 대책까지는 아니더라도 어떤 부분을 고려하고 어떤 부분에 관해 이야기할 수 있을까요? 그냥 가만히 있을 수는 없잖아요.

이원재 지금 우리가 분열과 통합을 이야기하고 있는데요. 이 두 가지를 나눠서 이야기할 필요가 있는 듯합니다. 분열은 우리 사회, 국민이 분열되어 있다는 것이 문제이고요. 통합은 지금 정치권에서 꾸준히 제기하는 것인데, 되도록이면 정치가 사회 분열을 통합하려고 하는 방식은 지양하는 편이 바람직하다고 생각합니다.

김현종 분열과 통합은 정치가 섣불리 들어갈 영역이 아니라는 뜻인가요?

이원재 직접 하기보다는 오히려 분열을 관리해야 한다는 이야기입니다. 분열된 상태를 어떻게 잘 관리할 것인가의 관점에서 내각제냐 대통령제냐 혹은 소선거구제냐 대선거구제냐 등과 같은 이야기를 해야죠.

노영민 지금 말씀 들으니까 생각났는데, 대통령제에서는 대통령을 둘러싼 경쟁 구도는 피할 수 없는 일입니다. 오늘 대통령이 새로 뽑히면, 대통령을 배출하지 못한 정당은 그날부터 다음 대통령을 만들 때까지 그냥 투쟁이잖아요.

문재인 대통령 때 어떤 일이 있었느냐면, 우리가 야당 정치인들을 입각시키려는 논의를 한 적이 있었습니다. 저도 여러 명 추천했고, 또 대통령이 승인해서 개별적으로 만나기도 했죠. 그래서 한다고 하면 될 만한 사람도 있었는데, 그 사람들이 대개 하는 이야기가 '하고는 싶지만, 못 받겠다'고 했습니다. 자기 당에서 승낙해주지 않으면 하기가 좀 그렇다는 뜻이죠.

김현종 그러니까 문재인 대통령 초기에 다른 당 사람들을 영입해서 장관이라든지 다른 자리를 많이 주려고 했고, 청와대는 그렇게 하려고 했는데 야당에서 반대했다는 거예요?

노영민 야당이 아니라 소위 야당 소속의 정치인들에게 제안했던 거죠. 그래서 제안을 긍정적으로 생각하는 사람도 꽤 있었는데, 정작 그런 사람들도 최종적으로 수락을 못 했습니다. 당에서 배신자 프레임을 씌울 테니까요.

4. 갈등 관리와 정치

김현종 자, 지금까지 우리나라의 국민통합과 분열 요인에 관해 이야기했습니다. 이제부터는 갈등 관리 측면에서 정치 영역에서 할 수 있는 일이 뭐가 있고 어떻게 해야 하는지에 관한 이야기로 넘어가 보겠습니다.

노영민 그 부분은 현실적으로 어려울 거예요. 본인들의 의지와 관계없이 어려운 국면으로 들어갔다고 봅니다. 일단 세 개의 특검이 시작되었습니다. 국회로서는 내란을 직접 겪었고, 내란 관련 특검이다 보니 명분상 반대할 수는 없겠지만, 결국 정치적인 면을 고려할 거예요. 특검 기간이 6개월이니까 빨라도 6월 말부터 시작하면 연말까지 간다는 이야기죠. 그러고 나서 기소하고 기소장 나오고 재판 시작하려면 2026년 1~2월이 될 겁니다. 그러면 지방선거는 이미 물 건너갔다고 보는 거죠. 야당은 선거와 관련해서 이렇게 판단할 것입니다.

그다음 개헌이 블랙홀인데, 지금 말씀드린 대로 흘러가면 이번에는 개헌을 안 한다고 볼 거예요. 민주당도 개헌할 필요가 없죠. 2026년 지방선거 때쯤이면 제일 큰 세 개의 특검이 끝났을 테니까, 이걸로 밀고 간다고 생각할 것입니다. 그러면 다음 총선 시기에 맞춰 개헌안을 내세우면 된다고 보는 거예요. 그때 국민 요구를 대거 수용하고, 정치 갈등을 유발할 수 있는 여지를 축소하고, 국민의 기본권을 신장하는 등 여러 방향으로 개헌을 추진하겠다고 하겠죠. 그리고 총선에서 개헌안 표결을 같이하면, 항상 수도권에서 승부가 갈리니까 민주당은 수도권에서 이길 수 있을 거라고 볼 겁니다. 결국 이렇게 모든 사안에 권력을 놓고 생각하는 거죠.

김현종 정리해보면 문재인 대통령 초기 때보다 지금 여건이 더 안 좋거나 악성화할 조짐이 보인다는 거죠?

이원재 그렇다고 봅니다. 이 문제에 관해 이야기하면서 예전에 희망제작소 있을 때 생각이 많이 났는데요. 그때는 박원순 소장이 서울시장에 당선되기 전입니다. 전국을 다니면서 마을 공동체와 사회적 기업을 만드는 사업을 했습니다. 그리고 여론도 이 일에 대한 거부감이 없었어요. 그래서 지금도 시민사회, 시민운동의 사회 통합적 기능이 여전히 유효하다고 생각합니다.

그런데 이것이 왜 무너졌냐 하면, 참여연대 같은 데서 정부나 청와대 같은 정치권력으로 많이 들어가면서 이쪽저쪽 편이 생겼거든요. 시민운동의 위기에는 여러 이유가 있는데 사회 통합적 기능을 상실했다는 점이 가장 크게 작용했습니다. 사실 이전에는 보수 성향을 지닌 사람들도 희망제작소에 많이 후원했어요.

김현종 시민운동 측면에서 보면 한 10~15년 전보다 지금 토양이 더 척박해졌다는 거네요?

이원재 척박해졌지만, 그래도 여전히 해법이 될 수는 있다는 거죠. 결국 사회를 통합하는 작업은 사회가 해야 한다고 봐요.

민병두 이제 2030세대, 특히 이대남 이야기를 좀 해볼까요.

이들을 포용하기 위해서는 당연히 필요한 것들이 여럿 있죠. 패자부활전이 가능해야 하고, 경제민주화가 돼야 하고, 경제적 미래도 보여줘야 하죠. 그런데 그렇게 하나하나 살펴보려면 이야기가 복잡해지니까 정치 분야로만 한정해서 보면 우선 민주당이나 국민의힘이나 새로운 주류가 나와야 한다고 봐요. 민주당은 과거 동교동계부터 86세대, 친노, 친문, 그리고 친명까지 쭉 오잖아요. 주류가 안정되어 있습니다.

그런데 국민의힘은 주류라는 것이 없잖아요. 필요할 때마다 밖에서 군인 끌어오고, 검사 끌어오고, 경찰 끌어오고 했죠. 그러니까 한국 보수의 줄기가 제대로 형성되어 있지 않아요. 하지만 민주당은 줄기가 형성되어 있죠. 기득권화했다고 볼 수도 있지만, 잘했느냐 못했느냐를 떠나서 흐름이 있었다는 것입니다. 그러나 앞으로 2030세대를 좀 더 포섭하려면 이준석과는 다르면서도 서로 문화를 공유하고 있는 젊은 층이 민주당에서 나와야 하거든요. 2030세대를 기반으로 하는 신주류 집단이 하나 있어야 더 길게 가는 정당이 될 수 있습니다. 새로운 주류가 양성되기에는 현재 민주당의 주류가 너무 강합니다.

김현종 민주당은 주류가 너무 강고한 게 흠이라는 거죠. 신주류가 나와야 되는데 말입니다.

민병두 안 나온 지 너무 오래됐습니다. 동교동계가 86세대로 대체된 지가 20년이 넘었어요. 2004년 총선에서 86세대가 대거 진입했습니다. 처음에는 동교동이라는 기득권 체제에 편입돼서 들어가기도 했지만, 때로는 치받기도 하고 조금씩 성장하면서 올라왔잖아요. 사실상 이들이 민주당을 움직인 지 20년이 넘었어요. 이들은 20대를 학생운동으로 보내다가 이를 발판으로 지금 위치까지 올라온 집단입니다. 그런데 세상은 이들이 대학에 다니던 1980~1990년대에 비해 완전히 바뀌었어요. 도전과 과제도 달라졌어요. 그러니까 지금 2030세대의 얘기와 감성과 인물 등을 정치적 자원으로 한 민주당의 신주류가 형성되어야 할 때입니다.

김현종 구체적으로 치고 나가는 사람은 없나요?

노영민 그렇게 하려고 노력하지 않은 것은 아니에요. 앞서 말씀하신 대로 민주당은 당사에 가면 김대중, 노무현, 문재인 역대 대통령 사진을 나란히 걸어 놓았어요. 그리고 이번에 민주당 선거대책위원회 내에 민주 정부 계승위원회라는 조직이 있었죠. 이재명 정부는 제4기 민주 정부로 자리매김했습니다. 그리고 역대 정권에서 정부의 차관급 이상이 됐든 공기업의 사장이나 이사가 됐든 청와대 근무자가 됐든 그 사람들이 여기저기서 지금 정부로 다 들어온 거예요. 지지 선언도 했고, 다른 사람들이 역작용으로 튀어 나가지 못하도록 막아주고, 만약 일부가 튀어 나가도 집중적으로 공격해서 확산되지 않도록 하는 역할을 했습니다.

그런데 국민의힘을 봐요. 당의 역대 대통령에 오른 사람들의 사진이 없습니다. 그리고 심지어 그 사람들이 가까이 오는 것도 거부하잖아요. 그들을 계승했다고 생각하지도 않고요. 국민의힘의 정치적 뿌리는 12·12 쿠데타입니다. 그때 만든 민주정의당이 법통이에요. 법적으로 그렇게 되어 있습니다. 그리고 경제적 뿌리는 5·16 쿠데타입니다. 민정당은 법적 정통성을 민주공화당으로부터 넘겨받지 않았고, 재산만 받았습니다.

정리하면 경제적 뿌리는 5·16 쿠데타고, 법적·정치적 뿌리는 12·12 쿠데타인데, 이제 12·3 쿠데타까지 일으킨 거 아니겠어요? 지금 상황에서 국민의힘은 정당의 가치와 이념, 정강 정책을 확실하게 보수 이념으로 세우고 거기에 맞는 구심점을 만들어 나가야 합니다. 그렇지 않으면 앞으로 국민의힘이 제자리에 서지 못해서 한국 정치 위기의 큰 부분을 차지하게 될 거라고 생각합니다.

민병두 이제 민주당도 2030세대에게 신주류 또는 신진 세력의 정치화라는 길을 좀 터줘야 한다고 생각해요. 지금 2030세대가 민주당에 와서 정치를 하면 기존 기득권 민주당 논리에 포섭되고 말아요. 존재감이 없죠. 자기 목소리를 내는 것이 아니라 기득권 선배 세대의 목소리를 흉내 내고 있어요. 그게 정치라고 생각하죠. 지금 밖에서 외치는 2030세대의 목소리와 민주당 안에 들어가 있는 청년 정치인의 목소리가 달라요. 안에 들어가 있는 정치인들은 민주당 기득권의 목소리를 답습하면서 빠르게 성장하려고 해요. 이렇게 해서는 2030세대를 장기적으로 포섭하는 정당이 될 수가 없어요.

보수 쪽도 마찬가지입니다. 한국의 보수주의는 이승만이 시작인데, 이승만은 자유, 민주, 공화 같은 가치를 전파하지 않고 반공을 보수주의로 만들었어요. 그렇게 해서 우리나라 보수주의는 반공과 반민주당으로 먹고산 겁니다. 우리나라 보수주의가 살아남으려면 자기들의 가치가 무엇이고 보수주의는 무엇을 할 수 있는지 고민하는 젊은 정치인이 만들어져야 합니다.

보수, 진보 양대 정당에서 분열과 대립의 재생산 구조를 넘어서는 정치 세력이 만들어져야 해요. 2030세대에 대해서는 우리가 책임감을 갖고 그런 기반을 만들어 줄 수 있어야 합니다.

김현종 문민 보수가 필요하다는 생각이 드네요. 이념적으로는 실용 보수였으면 좋겠고요. 지금까지 보수정당 대표를 맡았던 사람은 군인 아니면 그 주변인, 권력자의 딸 아니면 권력의 칼 출신이잖아요. 이명박만 월급쟁이 하다가 대통령을 했는데, 이명박은 또 1970년대 정경유착의 심부름꾼 역할을 했죠. 어쨌든 한 집은 선배들이 그립을 너무 세게 잡아서 문제고, 다른 한 집은 뭐라고 규정해야 할지 모르겠지만, 그립을 제대로 잡았다고 볼 순 없겠습니다.

이원재 그래서 1987년에 민주화가 된 것이 아니라 민주화가 시작된 거죠. 노무현 대통령이 새 시대의 첫째가 되고 싶었는데 구시대의 막내가 됐다고 이야기했던 것이 이어지면서 결국 20년 뒤에 이재명한테까지 왔다고 봐요. 이재명 대통령이 구시대의 막내라고 하면, 막내의 역할은 민주화를 완성하는 거죠. 그것이 주어진 사명입니다. 이재명 스스로는 기본소득도 하고 싶고, AI도 하고 싶어 하지만, 결국 경제나 사회 정책 등은 과감하게 못 할 가능성이 높고요. 우리나라가 혁명으로 세상을 뒤집은 것이 아니기 때문에 40년 동안 잘게 쪼개서 조금씩 바꿔나갔습니다. 이제 시간이 지나면서 과거 20대들이 40~50대가 됐습니다. 그러면서 변화가 완성되는 것이라고 봅니다.

세대론의 관점에서 보면 지금 2030세대는 민주화가 자기들과는 크게 상관있는 일은 아닌 거예요. 어차피 민주화는 1987년에 시작한 일이고, 1990년대나 2000년대에 태어난 2030세대는 다른 것을 해야 하죠. 그래서 지금의 정치 세력은 이 부분을 해결해주는 역할을 해야 합니다. 예를 들어 민주당이 청년 정치인을 키워내거나 정의당이든 녹색당이든 어느 당이건 젊은 세대의 정치를 한다고 하면, 그들은 다른 어젠다를 잡아야 할 겁니다. 이준석은 갑자기 튀어나와 반페미니즘이라는 이슈를 들고나왔기 때문에 약간의 소구를 할 수 있었죠. 만약 청년 정치인을 키우더라도 그들을 당 선배들의 말을 잘 듣는 정치인으로 만드는 것은 별 효과가 없을 겁니다. 이준석처럼 자기 어젠다를 제시할 수 있어야 합니다.

노영민 일리 있는 이야기입니다. 2030세대를 대표하는 가치가 도대체 무엇인지, 그리고 그 가치를 대표할 만한 인물이 있다면 당연히 밀어줘야겠죠. 하지만 잘 드러나지 않는다는 점이 문제입니다. 그러니까 당의 인재영입위원회 등 관련 부문에서도 제일 먼저 고민하는 점이 누가 젊은 세대를 대표하는지 눈에 띄기만 하면 얼마든지 영입해서 정치인으로 자라나게 해주고 뒷받침해줄 텐데, 그런 사람이 현시점에서 누구냐는 거죠.

김현종 소위 말하는 '짬밥 정치'의 청산을 위해서 기존 정치인들이 좀 해줘야 할 일은 없어요?

민병두 정치학교 같은 기관을 제대로 운영하는 방법도 필요합니다.

노영민 앞서 우리 같은 5060세대는 민주 대 반민주 구도로 세상을 봤다고 이야기했는데, 솔직히 우리는 그 한계에서 벗어나기 어려운 것 같아요. 예전에 비서실장할 때 당시 김거성 시민사회수석이 도대체 젊은이들을 이해할 수 없다면서 민주시민 교육을 대안으로 제시했습니다. 민주시민 교육 프로그램을 만들고 전국적으로 운영해서 자라나는 청소년과 젊은 세대가 민주 시민으로 자라날 수 있도록 교육해야 한다고요. 그런데 그 의견을 가만히 들어보니까 그렇게 했다가는 저쪽에서 우리가 이상한 것 만들어서 정치적 외연을 확대하려고 한다는 오해를 사기 딱 좋겠더라고요. 지금은 이렇게 하면 안 된다는 겁니다.

민병두 아무리 청년들에게 필요한 것이라도 해도 우리 세대의 이야기만 하면 들으려고 하지 않을 테니 의미가 없죠. 그들이 직접 떠들게 하고 그들이 스스로 공부하게 해야 합니다. 우리가 옛날에 운동권할 때 누가 가르쳐 줘서 운동권 했나요? 스스로 공부했잖아요. 그런 제2, 제3의 자율학습자들이 필요합니다. 정치권에서도 새로운 세대의 정치 문화가 꽃피울 수 있게 도와주는 형태가 필요하고요.

이원재 아무리 생각해봐도 지금 기성세대의 정치가 해야 할 부분은 선거법이라도 고쳐서 정당이 여러 개 나오도록 만들어 분열을 관리하는 데 집중하는 것이 아닐까 합니다.

김현종 지금도 교섭단체만 조정하면 됩니다. 민주당이 조국혁신당에 신세졌다는 평계로 교섭단체 요건을 15명이나 10명으로 낮추면 자동으로 보수 쪽에도 교섭단체가 한두 개 더 나오겠죠. 민주당 쪽에서도 또 다른 그룹이 나올 수도 있고요. 그래도 이런 식의 다당제보다는 조금 더 근본적인 의미의 다당제, 제도에 기반한 다당제를 할 필요도 있습니다. 앞으로 이재명 대통령도 강한 정부를 비롯해 다당제를 함께 쥐고 갈 것 같습니다. 자, 이번 대담은 이렇게 마무리하겠습니다. 모두 귀중한 시간 내 주셔서 감사합니다.

대한민국의 재탄생
오피니언 리더 5인이 말하는 완전히 새로운 나라

초판 1쇄 2025년 7월 14일 발행

지은이 김현종, 고한석, 노영민, 민병두, 이원재
펴낸이 김현종
기획총괄 배소라 **출판본부장** 안형태
책임편집 황정원 **편집** 최세정 진용주 김수진
디자인 조주희 김연주 **마케팅** 김예리 김인영
미디어·경영지원본부 신혜선 백범선 박윤수 이주리 문상철 신잉걸

펴낸곳 (주)메디치미디어
출판등록 2008년 8월 20일 제300-2008-76호
주소 서울특별시 중구 중림로7길 4
전화 02-735-3308 **팩스** 02-735-3309
이메일 medici@medicimedia.co.kr **홈페이지** medicimedia.co.kr
페이스북 medicimedia **인스타그램** medicimedia
유튜브 medici_media

© 김현종·고한석·노영민·민병두·이원재, 2025
ISBN 979-11-5706-453-3 (03300)

이 책에 실린 글과 이미지의 무단 전재·복제를 금합니다.
이 책 내용의 전부 또는 일부를 재사용하려면 반드시 출판사의 동의를 받아야 합니다.
파본은 구입처에서 교환해 드립니다.